ホスピタリティと
ホスピタリティマネジメント
これからのホスピタリティ経営

中里 のぞみ　紺野 猷邦　著

Parade Books

はじめに

　現代において、あらゆる企業はサービス競争下に置かれている
といっても過言ではない。製造業など、いわゆるサービス産業以
外の業界にあっても、今や、財貨（有形財）そのものが発揮する
機能・効用やアフターサービスなどのサービス品質如何によって、
企業がお客様から選別される時代にある。その意味では、顧客満
足の追求は、21世紀の企業経営にとって産業競争力や国際競争力
を高めていくための最大のテーマになっている。

　顧客満足があってこそ、新たなお客様の創造が実現し、更にそ
のお客様のリピーター化や固定客化の可能性が高まり、最終的に
は企業の利益の確保・拡大につながっていくのである。「企業の
目的は顧客の創造にある」と説いたのは、P・F・ドラッカーだが、
まずはお客様ありきという考えにほかならない。

　顧客満足を高めるための根幹ともなりうるのが、ホスピタリティ、
すなわちお客様を大切に想う心と技術である。モノを製造する時
に、お客様の求めるモノを作ろう、使い勝手の良いモノを作ろう
という想いや、サービスを提供する時に、どうすればお客様の期
待に応え、期待以上の対応ができるか、喜んで頂けるかという想
いは、まさにホスピタリティマインドそのものである。

　そして、ホスピタリティの具現化に必要なものとしては、お客
様はどういう状態なのだろうかと相手をおもんぱかる「察知力」、
お客様の口から言語化され、リクエストされる前に対応できる「行
動力」、お客様が困っている時や不満を抱いている時に、お客様
が感じていることと同じように感じることができる「共感力」、お
客様の顕在的、あるいは潜在的ニーズやウォンツをくみとるため
の「コミュニケーション力」、個人プレーではなく組織全体で取り
組むための「チームワーク・リーダーシップ」などがあげられる。

これらは、いずれも非定型で定量化になじまない、いわゆる「ソフトスキル」（Soft Skills）の分野における心と技術なのである。

　ホスピタリティは決して一方的なものではなく、お客様から感謝されたり、職場内で評価・承認されたりすることで、いずれ、鏡のように自分自身の歓びとなってはね返ってくるものである。これが、やりがい・働くモチベーションとなって、個々の社員のwilling power（自ら進んで取り組む力）を一段と高めることになる。ホスピタリティを具現化して成果をあげるためには、経営トップが顧客満足の重要性を改めて認識し、さらなる社員のモチベーション向上に努め、同時に、中間管理職の強いリーダーシップの発揮をしっかり機能させて、組織的な企業構成員の意思の統一を実現することが、これからのホスピタリティ経営の基本構図をデザインする上で重要となる。

　ホスピタリティについての理解と認識を深め、それを個人として、組織として、いかにマネジメントしていくか。様々な角度から共に考えていけたらと願う次第である。

目次

はじめに ··· iii

第1章
ホスピタリティの実践的意味とその背景 ············· 1
(中里 のぞみ)

1. ホスピタリティとは ·· 7
（1）サービスとは ··· 8
（2）ホスピタリティとは ·· 12
（3）サービスとホスピタリティの相違点 ····················· 14
2. ホスピタリティ産業とは ··· 17
（1）ホスピタリティ産業とは ····································· 17
（2）観光産業とは ·· 18
3. ホスピタリティマインドとホスピタリティスキル ········ 27
（1）ホスピタリティマインドとは ······························ 28
（2）ホスピタリティスキルとは ·································· 32
4. ホスピタリティにおける共感的理解 ························ 37

第2章
ホスピタリティマネジメント 〜その心と技術〜 ····· 41
(中里 のぞみ)

1. コミュニケーションを通してのマネジメント ·············· 43
（1）現代に求められるコミュニケーション能力 ·············· 43
（2）組織内におけるコミュニケーション ····················· 46
（3）顧客とのコミュニケーション ······························ 49
（4）後輩指導のあり方 ·· 50

v

（5）コミュニケーションの能力要素 …… 54

2. 組織における社員満足 …… 56

（1）社員満足と職場環境 …… 56

（2）社員満足と権限委譲 …… 58

（3）権限委譲のメリットとデメリット …… 60

3. 顧客満足の実践的意味 …… 64

（1）顧客満足の概念の変遷 …… 64

（2）顧客満足の時代的変化 …… 66

（3）顧客満足と事前期待 …… 68

4. サービス品質のマネジメント …… 71

（1）サービスの品質 …… 71

（2）瞬間瞬間のサービス …… 73

（3）サービス品質の測定 …… 77

（4）サービスリカバリー …… 79

第3章
イレギュラリティへの対応 〜その心と技術〜 …… **89**

（紺野 猷邦）

1. イレギュラリティと顧客満足の追求 …… 90

（1）すばやく、ひたむきな対応で、ピンチをチャンスに …… 90

（2）ゲストの安全・安心を最優先したOLCの対応 …… 91

2. 現場指揮官の危機管理、その具体的事例の紹介 …… 93

（1）インドネシア政変時の危機管理（1998年5月）
—事前予防措置から発生時対応に移行したケース— …… 94

（2）9・11同時多発テロへの対応（2001年9月）
—いきなり発生時対応からスタートしたケース— …… 105

3. イレギュラリティへの対応 〜その心と技術〜 …… 111

（1）常に身構える姿勢を保つ …… 111

（2）危機管理に先例ナシ …… 112

（3）任務完遂へのあくなき「執念」を ································ 113

（4）迷ったら「安全」をとれ ···································· 114

（5）例外管理のススメ ··· 116

（6）企業構成員の「価値観の共有化」を図る ················ 117

4. 企業構成員の意思の統一で、生産性の向上を 119

（1）プロセス・クオリティ・コントロールの追求 ············ 119

（2）経営・トップ層による経営の意思の徹底・浸透 ········· 120

（3）重要な中間管理職の職責・権限 ······················· 121

（4）内発的動機付けで、
　　社員の生きがい・働きがいの醸成を ···················· 122

（5）ES（社員満足）の実現は、
　　規律ある明るい職場づくりから ························· 123

（6）あらためて職場の労務管理のあり方について考える ······· 124

**第4章
総括** ·· **129**

（中里 のぞみ）

（1）サービスプロフィットチェーン ······················· 130

（2）総括 ·· 132

あとがき ··· 139

第1章

ホスピタリティの
実践的意味とその背景

最初に本書のテーマについてふれておきたい。昨今、経済において「サービス」の占める重要度はますます拡大の傾向にある。すべての企業はサービス競争下におかれているといっても過言ではない。第一次産業、第二次産業においても「サービス化」が進んでいる。すなわち、自然の恩恵を活用して原材料や食材などを生産する第一産業、それらを加工する第二次産業。これらの産業においても、単にモノを生産・加工・製造・販売することだけでは、顧客に満足を提供できる時代ではないということである。一方、GDPにおけるサービス産業の割合も拡大傾向にあり、従事する就業者数も増加傾向にある。

　平成26年の内閣府の「サービス産業の生産性」によると、日本におけるサービス産業（第三次産業）のGDPに占めるシェアや、就業者数のシェアは7割程度を占める重要な産業となっている。

経済活動別のGDPシェア（左）と済活動別の就業者数シェア（右）

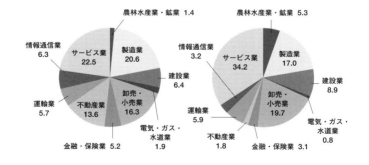

引用：平成26年内閣府「サービス産業の生産性」

また、第三次産業の中の狭義の「サービス業」の内訳としては
①公共サービス：教育、研究、医療保険衛生、その他
②対事業所サービス：広告業、業務用品物販、賃貸業、自動車・機械修理、その他
③対個人サービス：娯楽業、飲食店、旅館、洗濯・理容・美容・浴場、その他

があげられている。このように、経済全体のサービス分野の比重は高まり、顧客のモノやサービスに対する欲求も高まっていることがうかがえる。つまり、経済のサービス化が進んでいるということである。企業としては、経営機能の一部をアウトソーシング（外部委託）し、外部からの「サービス」として受け入れる機会が増加したことや、個人としては、少子化により一人の子供に対する教育費が以前より高まっていることや、高齢化が進んだこ

サービス産業のGDPシェア推移（上）と就業者数シェア推移（下）

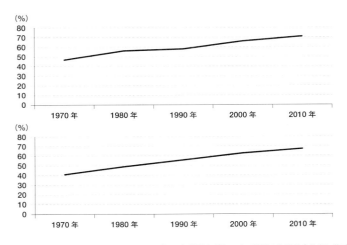

平成26年内閣府「サービス産業の生産性」参考に作成

とで一人の高齢者に対する医療費が高まっていることなどの社会現象も要因であると推測される。

　たとえば、企業のアウトソーシングについて例をあげたい。日本における非正規雇用者数が増加していることは周知の事実だが、1990年以降の長期的な推移をみると、1990年に881万人だった非正規雇用者数は、2014年に1962万人と2倍以上になった。反面、正規雇用者数は、1990年代半ば以降、ほとんどの年で減少している。非正規社員にはパート、アルバイト、契約社員、派遣社員、嘱託社員などが含まれるが、この中の派遣社員もアウトソーシングにあたる。

　また、他の例として、航空業界では整備業務のアウトソーシング化が進んでいる。近年LCC（ローコストキャリア：格安航空会社）が台頭してきているが、航空券を格安で顧客に提供するために、様々なコスト削減に取り組んでいる。その一環として自社で整備部門をもたない航空会社もあり、整備をLC（レガシーキャリア：既存の航空会社）に外部委託するケースもある。

　モノがあふれている現代では、欲しいと思ったモノが簡単に入手できるため、そこに一段と内容の充実した、多様化した付加価値を求める傾向が高まってきたということもあろう。付加価値には2つの意味がある。1つは生産過程において、新たに付け加えられた価値という意味であり、もう1つはモノを生産したり、サービス活動をする際に新たに生み出した価値という意味である。ホスピタリティを具現化する場合には、顧客の立場になり、顧客に対して共感的理解をしながら顧客の期待を察知し、その顧客の期待にそえるようなマニュアル以上の柔軟的対応をすることが望ましい。第2章4節の「サービス品質のマネジメント」で詳しく述べたい。

　昔のように欲しいモノがあった場合、店舗が開いている時間帯にその店舗まで出向いて購入するという時代から、何時であろう

と欲しいモノがあった時に、パソコンやスマートフォンの画面で欲しいモノを検索し、気に入ったモノがあればその時、その場で、クリックやタップをすれば、簡単に買い物ができてしまう時代となった。後は購入したモノが届くのを待つのみである。容易に欲しいモノがスピーディに入手できる時代であるため、単にモノを入手できるだけの満足感にとどまらず、そこにはなんらかのこだわりを求める時代になってきている。

　顧客のニーズはますます多様化し、多くの顧客のニーズにマッチするモノを製造・販売したとしても、そこに付加価値がなければ顧客は生涯顧客（royal customer）になってはくれない。また、マーケットセグメンテーションにおいても、以前のような形で顧客をひとくくりにすることも難しい時代になってきている。言い換えれば、以前のような、この年代の顧客にはこういうモノが売れるという「くくり」は通用しなくなってきているということである。すなわち、若者に好まれるモノの傾向、中高年に好まれるモノの傾向、あるいは男性に好まれるモノの傾向、女性に好まれるモノの傾向……というような、十把一絡げ的な「くくり」というような、そういう分け方は難しくなっている。顧客というより、ひとりひとりの「個客」のニーズやウォンツに敏感になることが、競合他社との差別化にもなりうる。

　さらに、経済のサービス化は日本のみならず、世界においても進んでいる。経済産業省の「世界経済のサービス化とサービス産業のグローバル展開」によると、GDPに占めるサービス産業推移を世界全体で見ると、1970年代以降はほぼ一貫して増加傾向にあり、欧米諸国では経済のサービス化が着実に進展している。東アジア各国でも、多くの国でそのシェアが上昇しつつあり、特に、中国、インドでは1990年代後半から急激にそのシェアが拡大している。さらに、全産業の雇用者数に占めるサービス産業の雇用者

のシェアも、欧米諸国、東アジア各国ともに長期的に拡大傾向にあることが提示されている。

ところで、日本はものづくりの国として世界に名を知らしめてきたが、日本のホスピタリティ・おもてなしもいまや、世界に通用するものとなってきている。たとえば、旅館は日本的おもてなしで、ホテルは西洋的なおもてなしという見方もあろうが、石川県和倉温泉・老舗旅館の加賀屋は「お客様の期待に応える」「正確性を追求する」「おもてなしの心で接する（ホスピタリティ）」が基本理念であり、台湾にも進出している。また、日本のおもてなしを追求している星野リゾートは、星のや（ラグジュアリーホテル）・界（温泉旅館）・リゾナーレ（デザイナーズリゾート）の3ブランドを全国展開しているが、バリにも進出している。日本のおもてなしは海外においても通用し、日本のおもてなしが輸出コンテンツとしてもとらえうる時代となっている。

このような時代の流れの中、ホスピタリティをより深く理解し、個人として顧客満足につながるようにそれを具現化したり、企業としてそれを経営に活用していくことは、事業運営の重要な課題になっているといえよう。

そこで、本書では、テーマを4つに分けて論述していきたい。1つめはホスピタリティの実践的意味とその背景について。2つめはホスピタリティをいかにマネジメントするかについて。3つめはイレギュラリティ（不測の事態）への対応について。4つめはサービスプロフィットチェーンと総括。学生の方々は知識として、また社会人の方々はそれぞれの現場での行動指針となるように、事例を多く紹介しながら、できるだけわかりやすく説明していきたいと考えている。

大前提として、企業は社会からヒト・モノ・カネ・情報という社会資本を得て運営されている以上、存続し続けなければ意味

がない。当然のことである。そのためには、常に顧客の創造・維持を図るべく顧客満足を提供し続けなければならない。その顧客満足（CS：customer satisfaction）を追求するためには社員満足（ES：employee satisfaction）がなければ、顧客満足を高らかに目標として掲げても、実現は難しい。また、現代においては様々な不測の事態（イレギュラリティ）に対応できる組織こそ、顧客に安心を提供することができることにも着目する必要がある。そして、なによりもホスピタリティこそが顧客満足に直結し、その顧客満足が顧客の創造・維持を実現し、企業の利益に結びついていくのである。

1. ホスピタリティとは

ホスピタリティとは何か。漠然としたイメージでわかっているつもりでいるだけでなく、自分の頭で理解し、それを自分の言葉として説明できるか否かが重要である。

（1）サービスとは
（2）ホスピタリティとは
（3）サービスとホスピタリティの相違点

ホスピタリティは日本語でいえば、一般に「おもてなし」ということで受け取られていることも多いであろう。ただし、「おもてなし」という一言では言い尽くせない、奥深い意味合いや背景もある。2013年に2020年の東京オリンピック招致が決定したが、その時から「お・も・て・な・し」は言葉として世の中に急速に浸透し始めた印象があるのは筆者だけであろうか。「おもてなし」「ホスピタリティ」という言葉だけが一人歩きしてしまった印象も、

否めないのではないだろうか。

　日本においては「ホスピタリティ」よりも「サービス」という言葉のほうがなじみがあるかもしれない。「サービス」というと何を連想されるだろうか？1000円の商品を買って、100円値引きしてもらっても「サービス」。1000円の商品を買って、他の何かを無料で提供してもらっても「サービス」。店員の対応ぶりで「サービス」が良い、悪いとも言う。あるいは、ビジネスの業務形態についても「宅配サービス」「介護サービス」というようにも使う。だいたいの人が「サービス」というと「おまけ」「無料」「人の対応」といったことを思い浮かべるのではないだろうか。

（1）サービスとは

　サービスとは、市場において価値のある活動であり、それを得るためには対価を支払う必要がある。サービスはそのサービス活動、サービス行為として「商品」だとみなすことができる。「経済価値」になるということである。したがって、顧客・消費者にとって支払う対価に見合う、あるいは、それ以上の価値があると感じてもらえるような「品質」を保持し、高めていく努力が必要となるのだ。サービスについては研究者により様々な定義もあるが、4つの特性がある。

①無形性…形がない

　サービスはモノではないので形がないのは当然である。目には見えない、直接触ることができない。では何か？ということになるが、プロセスや行為ともいえよう。わかりやすく、たとえばマッサージに行ったとする。施術師に「今日は肩が凝っているので肩を念入りに」とリクエストし、施術師から「このくらいの強さで大丈夫ですか？」などの、双方向的なコミュニケーションをとり、自

分の凝っているところを適度な強さで揉みほぐしてもらうような過
程、遂行される行為のことである。

②同時性…生産と消費が同時に発生する。

　たとえば、レストランにおいて食事をする時、まずお客様がオー
ダーし、それを受けて料理人は料理し、顧客は提供された食事を
食べる。料理人が生産し、顧客は消費していることになる。また、
歯科医院で治療を受ける時は、歯科医師は治療を生産し、患者は
治療を消費しているともとらえることができる。ただし、この同時
性の特徴はサービス活動の対象が人であることに限定される。

　たとえば、車に不具合が生じて修理に出す場合、修理が終了し
た段階で受け取りに行く、あるいは自宅に届けてもらうというよう
なケースや、服をクリーニングに出す場合、洗濯したい服をクリー
ニング店に持って行き、仕上がった頃に取りに行く。ここでいう
修理や洗濯というサービスは、顧客の所有物に対する行為であり、
そこには同時性という特性はあてはまらない。

③異質性…同じ内容・同じ商品として提供できない。

　①の例を用いれば、同じ施術師がマッサージをするとしても、
人的な技能によって、施術も変化する。また、顧客によって凝っ
ている場所が異なったり、気持ちよいと感じるツボが異なって
いたり、気持ちよいと感じる揉む強さが異なっていたりするため、
同じ料金でマッサージを提供しているとしても「同じ内容」「同じ
商品」として提供することは不可能である。そこでは、提供され
るサービスの内容や品質は、サービスを受ける側の受け止め方に
よって差異が生じるということである。サービスの成果品質を一
定に標準化することが困難ということになる。

事例①

　ケーキ店で同じパティシエが作った同じケーキを、店内のカフェで顧客に召し上がって頂く際、店員が感じよく提供する場合と無愛想に提供する場合では、感じよく提供した時のほうが顧客がケーキをより美味しいと感じ、ケーキの味覚の評価が高かったという。対応如何によっては、味の評価も異なるというのだ。さらに、対応だけでなく店の雰囲気・清潔感などの環境も商品・食事を美味しいと感じる度合いに影響を与える。また、逆の事例もある。

事例②

　ある病院で患者満足度を高めるために、高額の最新医療用機械を導入し、さらに診察を待つ間の座り心地を改善するために、待合室の椅子を新品に切り替えた。コストをかけた分、患者満足が高まると想定していたが、以前よりも投書箱への患者様からの不満が増えたという。ハード面にコストをかけたからといって、患者満足度が単純にあがるということにはならない。つまり、ハード面が改善されたならば、以前よりソフト面（人の対応）もそれ相応に改善されて然るべきと考えたり、以前は気にならなかった対応のマイナス面が逆に表面化し、患者様の立場に立つと、マイナス面が目につくということもありえる。ハード面がこれまでより改善された場合、それに伴い、ソフト面での事前期待値も高まることも想定されるということだ。最新の医療機械があって清潔感のあるような新しい病院と、昔ながらの古びた病院では事前期待も当然異なるであろう。

　この異質性は、顧客満足の視点からすると難しい部分でもある。顧客によっては「してほしいこと」も異なれば、対応の良し悪しの「感じ方」も異なるからである。その顧客の主観によって評価も異なるわけであるが、これがサービス業の難しさでもあり、また醍醐味ともいえる。このお客様はどういう方なのだろう、どう

すれば喜んでくださるのだろう、何をして欲しいのだろう、何が欲しいのだろう、どんなことに困っていらっしゃるのだろう……と相手の望んでいること、期待していることを、あれこれ推測して察知する。それを言葉として相手から言われる前に実行する。ピタリと一致した時の相手の表情・態度・声のトーンから、喜んでいらっしゃるのが見て取れ、感じ取れる時、笑顔で「ありがとう」と言って頂ける時、サービス業に従事する者にしかわからない「働く喜び」がある。

④消滅性…発生と同時に消滅する。

　マッサージをしてもらっていて「気持ちよい」と思っても、施術が終われば、そこでそのマッサージは終了となる。歯科の治療が終われば、治療はそれで終了となる。また、わかりやすい例として、飛行機の座席が空席だったとしても、航空会社はその空席を抱えこみながら運航スケジュール通りに出発しなければならない。在庫がきかないということになるのだ。ホテルにおいても今日、空室がある分を明日の予約に廻すということは不可能である。

　つまり、サービスには形がない。目には見えない。そして、生産と消費が同時であり、消費時点で消滅してしまうので、サービスの提供時間・提供場所・提供者によりサービスの品質は異なるということになる。これらのことがしっかりと認識されていることが重要なのである。その時、その場所（その状況）、その顧客のために、そのサービス提供者の知識・スキル・臨機応変な対応がサービス全体の良し悪し、最終的には顧客満足を決定づけることになるからである。

　モノを購入する場合は、モノを購入したという「結果」で満足か不満足かが決定づけられるのだが、サービスの場合はサービスを提供された「結果」だけでなく、そこに至るまでの「プロセス」

も重要なのである。さらに、モノは不良品ならば交換も可能となるが、サービスはお客様に不快な思いをさせてしまった場合、交換はできない。

　ここでサービスとモノの相違点について整理しておく。

　モノと比較することでサービスの理解がより深まるはずである。

モノとサービスの相違点

モノ	サービス
有形	無形
同質性	異質性
生産・流通・消費が分離	生産・流通・消費が同時
製品そのもの	プロセス・行為
在庫可能	在庫不可能

（2）ホスピタリティとは

　では、ホスピタリティとはどういうものであろうか。ラテン語のhospes：ホスペス（客人の保護者）が語源である。遙か昔はホテルなどないので、旅人はどこかの家に宿泊させてもらい、家人はホストとしてゲストである旅人をもてなした。現代のような「旅」が身近な時代ではないため、おもてなしをすることで、自分が住んでいる場所以外のこと、その文化や旅の出来事などをその旅人から聞かせてもらったともいわれている。また、「旅」が現代とは異なり、巡礼や兵役などに関連した強制的なものであり、その巡礼者や兵士を迎え入れたり、怪我人・病人を手厚く看護したことか

らホテル（hotel）や病院（hospital）にも派生したといわれている。

　現代においてホスピタリティは、顧客と接客する側の双方向的な信頼関係のある対応プロセスともいえる。上下の関係性のもと、相手の要求に対してそのまま従うという考え方でなく、対等の関係性において、コミュニケーションはもとより、自分自身の五感をフル活動して相手の求めるもの、喜ぶことを察知し、行動するという人間としての情緒的プロセスともいえるのである。その相手のために、相手が期待していることを実践し、相手が喜んでくださったり、感謝してくださることで、自分もまた喜びを感じるというプロセスでもあるのだ。

　インターネットが普及した現代においては、インターネット上で多くの人たちとつながることが可能となった。SNSの機能のひとつである「いいね！」も、ある意味での「承認」になるのかもしれない。

　いつでも、どこでも、簡単にいろいろな人たちとつながることができる便利な時代になった。それだけに「人」対「人」のコミュニケーションには、これまで想定しなかった新たな留意点もでてくる。決して、インターネット上での関わりを否定しているわけではない。便利であることには間違いはない。また、skypeのようなテレビ電話機能を活用したならば、画面上で相手の表情を観ながら、声を聴きながら、face to faceのようなコミュニケーションも可能となる。筆者自身も仕事上ではmailが欠かせないビジネスツールであるし、プライベートではlineも利用している。ただ、これらの場合、相手が無機質な画面上でこちらの意図を歪曲することなく、そのまま受け止めてくれるかといえば難しい部分もある。直接的に顔をあわせて、互いの表情を観て、声のトーンを聞き分け、相手を感じながらコミュニケーションを取るほうが、その齟齬は少なくなると思われる。「人」対「人」の実際の関わり合いの

中で、相手の存在や相手の感じ方・考え方を容認し、受容し、共感的に理解して、相手の意に沿うようなことを言語化したり、行動化することは、コミュニケーションの齟齬を減少させ、信頼のあふれる関係性を構築させることができる。ホスピタリティ具現化の要ともいえる。ホスピタリティは企業経営にも重要であると同時に、個人として社会の中で他者と関わりあいながら生きていくためにも、必要不可欠なものといえる。

一方サービスはラテン語のservus：セルウス（奴隷の）からslave（奴隷）servant（召使い）と派生し、つまり強制的労働を意味している。現代においても、上下関係が背景にあり、顧客から接客する側（接客要員）への一方的な依存・要求であったり、接客する側（接客要員）から顧客への一方的な理解・奉仕という要素を含んでいる。

サービスには多様な意味があるが、精神的な「奉仕的要素」や接客する側の接客時の表情・態度という「態度的要素」、対価を要求しない「犠牲的要素」、対価や報酬を要求する「業務的要素」などに分類することができる。

サービス産業では、必然的に対価が要求されることになるため、サービスの現場においては接客側に求められる姿勢としては、犠牲的に、あくまでも、何があってもお客様が正しいという意味が含まれているともいえる。

(3) サービスとホスピタリティの相違点

関係性においては、サービスは主従関係、上下の縦の関係だが、ホスピタリティは主客対等、横の関係である。たとえば、ホスピタリティといえばザ・リッツカールトンが有名であるが、ザ・リッツカールトンのモットーである「紳士淑女をおもてなしする私たちもまた紳士淑女です」という文言に、この主客対等が端的に表現

サービスとホスピタリティの相違点

サービス	関係性	ホスピタリティ
主従関係（縦の関係）	関 係 性	主客対等（横の関係）
任務の遂行	行　為	自発的な行為
全体のお客様	対　象	個々のお客様
要求への対処	行　動	自立的なふるまい
その状況に対して	判　断	そのお客様に対して
接客の技能	評　価	接客の心

されている。お客様にかしずくことが基本なのではなく、お客様に対応するにふさわしい知識・教養・言葉遣い・佇まい・所作を習得しており、どのようなお客様に対しても恥じることなく、対応できうる自分であるということが前提となる。そのためには、必要な教育を受けること、常にお客様を意識し、よい意味でのプライドを持ち合わせることが必要とされる。

　行為においては、サービスは任務や義務の遂行であるが、ホスピタリティは自発的な行為である。サービスはお客様が「こうしてほしい」「あれがほしい」というような要望に対して、自分の任務・義務を遂行するというマニュアル的な行為ともいえるが、ホスピタリティでは言われなくても、頼まれなくても、自分で察知し、判断し、こうすればお客様が喜んでくださると思えば自発的にアクションに移すということである。

　対象においては、サービスはすべてのお客様が対象で、どのお客様に対しても平等に対応するが、ホスピタリティは個々のお客

様への対応を優先するため、基本的には所属する組織の規定やマニュアルに従うこととなるが、自分の目の前にいる、そのお客様のことを優先させる。臨機応変に自分の判断で付加価値をつけることも可能となる。お客様への対応においては、その時、その状況で様々なことが起こりうるわけで、自分の判断でお客様が喜んでくださることを実現できるということは、仕事をする上での「やりがい」に結びついていく。

　行動においては、サービスはお客様にリクエストされたことにどう対処するかということで、マニュアルに沿ったり、業務遂行の経験値があがれば、機械的に身体が動くような反応をすることもある。ホスピタリティは自分が自立的・自律的にどうふるまうかということと、どういう対応をするかということになる。マニュアル＋αの付加価値を自分なりに創出することが可能となるのだ。

　判断においてはサービスは「今、この時点でどういう状況なのか」に焦点を当てて「どうすべきか」の判断となるが、ホスピタリティは「目の前のお客様に対してどう対応するのが最適なのか」の判断となる。その意味では、同様な状況であっても、向き合っているお客様によって、姿勢・態度・言動などの対応を変えることも必要となる。つまり、同じ状況下であっても、そのお客様の性別・年齢・職業・性格などの判断材料や、自分の推測力・察知力をフル稼働させて、総合的に何がこのお客様にとって最善なのかを判断するということである。

　評価においては、サービスはスキル、つまり専門的知識や接客技能に対してであるが、ホスピタリティは、お客様に顧客満足を提供するための最善の対応をしてさしあげたいという意思や、思いやりをもった温かいホスピタリティマインド、心根、人間性といったことに対して評価されるということになる。それらが土台として備わっていなければ、実際の行動化には結びつかない。

2. ホスピタリティ産業とは

> 経済のサービス化が進んでいることは、既に前章で述べた。本項では、ホスピタリティ産業には具体的にどういう業種があるかについてふれ、「直接関連産業群」である観光産業に焦点を当ててみたい。
> 訪日外国人観光客は右肩上がりに急増し、経済に与える影響も大きい。また、2020年の東京オリンピックを控え、今後、訪日外国人観光客へのホスピタリティの質的向上が一段と期待されている。
>
> （1）ホスピタリティ産業とは
> （2）観光産業とは

（1）ホスピタリティ産業とは

「日本標準産業分類」においては、第三次産業は以下の13大分類に属する業種としている。

①電気・ガス・熱供給・水道業

②情報通信業

③運輸業、郵便業

④卸売業、小売

⑤金融業、保険業

⑥不動産業、物品賃貸業

⑦学術研究、専門・技術サービス業

⑧宿泊業、飲食サービス業

⑨生活関連サービス業、娯楽業

⑩教育、学習支援業（ただし、教育は対象業種から除外）

⑪医療、福祉

⑫複合サービス事業

⑬サービス業（他に分類されないもの）

　ホスピタリティは横の関係性であり、顧客との信頼関係に基づく対応プロセスであることは前節で述べたとおりだが、ホスピタリティ産業とは相手に対して接客する、おもてなしをするという行為に重点を置きつつ、対価や報酬を取得する産業と考えられる。

　ホスピタリティ産業としては「直接関連産業群」として、観光産業といわれる交通・旅行・宿泊・飲食・余暇関連など、健康産業といわれる病院、フィットネスクラブなど、教育産業といわれる大学、専門学校、予備校、塾などがある。また、「間接関連産業群」としては、電気・ガス・熱供給・水道業・情報通信業などがある。狭義においては、ホスピタリティ産業の領域にはメインに観光産業がある。

　お客様に旅行商品を売り、サポートする旅行業、お客様に移動手段を提供し、サポートする運輸業、お客様に宿泊する空間を提供する宿泊業、お客様に飲み物や食事を提供、サポートする料飲業などがそれに該当する。まさに、どれも形がなく、同じツアーに参加しても、同じ航空会社を利用しても、同じホテルに宿泊しても、接客してくれる人（接客要員）のホスピタリティマインドやホスピタリティスキルによって、旅行の思い出は良くも悪くもなりうる。人的要素の影響力が大きいということである。

（2）観光産業とは

　ホスピタリティ産業の大きな柱ともいえる観光産業についてふれておきたい。日本において観光産業の位置づけが、それほど高いとはいえなかったことは否めない事実であるが、2003年の小泉政権時代に観光立国宣言がなされ、観光産業も日本の基幹産業とみなされるようになった。

　観光は「見えざる輸出」（Invisible Exports）といわれ、たとえ

ば外国人観光客が来日し、日本において観光し、様々なサービスを享受し、その対価を支払えば、モノを輸出しなくても、目には見えなくても、輸出したことと同様のことが起りえる。観光の経済波及効果が大きいといわれる所以である。

　2003年から国土交通省が中心となってビジット・ジャパン・キャンペーン（Visit Japan Campaign）の活動が開始され、2008年のリーマンショックの後や、2011年の東日本大震災の時には、一時的に訪日外国人観光客数は落ち込んだものの、それ以降は右肩上がりに増え続けている。訪日外国人旅行者数と日本人出国者数の推移グラフから、訪日外国人観光客数の増加状況が見て取れる。2015年には訪日外国人観光客数（インバウンド）が、日本人出国者数（アウトバウンド）を上回ったことも特筆すべきことである。

訪日外国人旅行者数・出国日本人数の推移

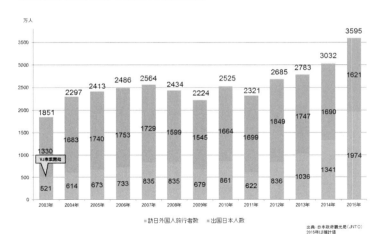

引用：国土交通省観光庁『統計情報・白書』2016年

2015年の観光の経済波及効果は、旅行総消費額が25.5兆円であり、この旅行総消費額による生産波及効果が52.1兆円、付加価値誘発効果が25.8兆円とされている。

観光の経済波及効果

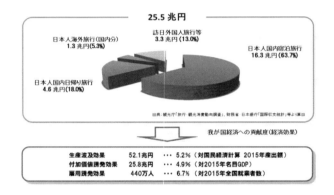

引用：国土交通省観光庁『統計情報・白書』2015年

　さらに訪日外国人観光客数を増加させるため、リピーター数を増加させるために、ビッグデータを活用して外国人が興味をもってくれるような新たな旅行商品の開発・PRを促進したり、無料wifi・インフォメーション・外国語表記の案内板・標識などの整備、入国をスムーズにするための空港整備、アジア地域の観光ビザの緩和など、様々な取り組みが実施されている。しかし、訪れた観光地で観光名所を巡る、食事をする、土産品を購入する、その土地土地での文化体験・スポーツ体験をするなど、観光には人との関わりあいが大変重要な要素ともなっている。

　観光も、「観る・食べる・買う」という従来のスタイルから、長

期滞在、日本文化の体験・農業漁業の体験、自分自身の興味分野のためのニッチな観光、医療に関連する観光、産業に関連する観光などのような「ニューツーリズム」と称されるものへと変化を遂げている。

前田勇著『現代観光とホスピタリティ』p97には、「"新しい観光"の登場は、ただちにそれに対応する"新しいサービス"を求めることを意味してはいない。重要なのは、観光客として扱われることを求めない人が行動主体に加わってくるという点にあり、お金を払ってくれるお客さまとして、丁寧に対応することを基本としてきた、従来型観光事業の対応が必ずしも歓迎されない状況も生まれてきているのである。しかし、このことは、過去から現在へと改善が積み重ねられてきた、サービスの仕方全般が否定されることを意味してはいない。サービスとくに対人型サービスに求められる、状況に適った応対が重要であることを改めて示唆しているのである。」と指摘されている。

個人旅行や友人・知人・家族旅行、長期滞在型や体験型、交流型の観光を希望する観光客も増加する中、単に「お客様」としての対応のみならず、交流し、共に体験する、境界線を排除するような共有型の親近感ある対応も、今後、その状況によっては求められてきているということである。日本における対応の細やかな気遣い、心配りにあふれたおもてなしは、観光の思い出、余韻、満足度につながり、「また来たい」という思いを誘発し、リピーター化推進の要因になる。

訪日外国人観光客の増加に伴う、ホスピタリティで留意すべき点を3つ列挙したい。

①日本人との相違点を意識する

　日本人は言わなくても察してほしいという気持ちが、お客様の立場になると強くなる傾向がある。しかし、外国人は自分の言いたいこと、してほしいことはハッキリと言語化してリクエストすることに慣れている。その意味では、筆者の経験からも、日本人への接客と外国人への接客は、接客要員の中で異なる対応をした方がよいと思われることが多い。これは、対応に差をつけるという意味では決してない。

事例③

　たとえば、機内で外国人のお客様がコールボタンを押して、客室乗務員に飲み物をリクエストするとする。周りの日本人のお客様の中には、自分も何か飲みたいと感じてはいるが、言葉にしてリクエストなさらない方もいるのである。そこで、周りの方々に「何かお飲み物はいかがでしょうか？」と、こちらから声がけをすると、必ずといっていいほど、お飲み物のリクエストをされた。そのリクエストの数が多ければ、臨機応変に、トレイに数種類のお飲み物を用意してお配りすることも可能である。このような対応により、最初にリクエストした外国人の方だけでなく、自分からは自発的にリクエストしなかったが、飲み物をサービスしてもらったということで、ある意味の満足感をお客様に提供することが可能となるのだ。逆に、リクエストされた外国人のお客様だけに、飲み物をサービスする行為では、「外国人のお客様だけに飲み物を出して、自分にはサービスしてくれないのか」と思うお客様もいらっしゃることもありえる。生まれ育った国・地域による国民性ともいえるかもしれない。

②宗教的背景への配慮を忘れない

　外国人のお客様の対応について授業をする時に感じることとし

て、日本人で特に若い方となると、それほど宗教を強く意識して生活はしてはいない印象を受けている。

事例④

　昨今では、空港やショッピングセンターに外国人観光客のために礼拝室が設置されていたり、宗教上の理由で食べられないものに対するお食事の対応を考慮しているレストランなども増加している。（イスラム教では「ハラーム」といって豚肉・豚由来成分や、調味料としてのアルコールも禁じられている。）以前、観光通訳案内士をしている友人に依頼して、観光案内をした外国人観光客に対し、北海道を周遊する間に聞き取りをお願いしたことがあった。多数を占める意見としてあがったのは、自分たちの宗教のことをもっと理解してほしいというものであった。インドネシア、マレーシアなど、アジアのイスラム圏からの観光客も増加する中にあって、宗教的な配慮は今後、ますます重要になってくると思われる。

事例⑤

　筆者の友人はパキスタン人と結婚し、ハーフのご子息はその当時パキスタンに在住する高校生で、パキスタンの高校の長期にわたる夏休みを利用して、日本に短期留学をした。特別対応のような形で母親の実家から通学しやすい私立の高校に、短期留学することになったのだが、受け入れを了承してくれたのがキリスト教系の高校だったのである。もちろん、彼がイスラム教徒であることも事前に伝えてあったので、学校サイドも彼自身も宗教の違いは双方とも理解・了承した上でのことだった。

　授業でキリスト教関連のものがあり、聖書を使う際に、そのご子息は「自分はイスラム教徒なので聖書にはさわれません」と先生に言ったそうだが、先生からは「授業だから」と取り合ってもらえず、彼は授業をボイコットして図書館に行ってしまい、実家にいる母親が学校に呼び出される結果となった。母親であるその

友人は困ったと連発していたが、筆者はある意味、彼の行動に驚きを超えて感心し、教師に対しては、もちろん立場上のこともあろうかと思われるが、こと宗教上の問題であることから、もう少し配慮の余地はなかったのだろうかと、素朴な疑問を感じたのだった。

　私たちは、自分の考え方やとらえ方が当然であるかのように思ってしまいがちだが、自分の枠組みでとらえるのでなく、外国人の方の宗教的背景にも十二分に配慮することが必要なのである。

　宇都宮裕章編著『対話でみがくことばの力』p61に対話の停滞について記述がある。

「その停滞にむすびつくと考えられる行為は、おおよそ次の3つにしぼられます。異質なものの排除と、矛盾を忌避することと、理解を強要することです。」

　他者と対話している時、自分とは違う価値観・考え方で、自分が正当だと考えていることが通じない、なんとか自分の伝えたいことを相手に理解してもらおうとする。そうすると、対話は堂々巡りになりがちである。伝えても伝えても、相手は自分が伝えたいことを歪曲してとらえてしまう（相手は歪曲とは気づかない）ため、互いにイライラが募り、口調や表情にもそれが現れ、ますます両者の関係性は悪化していく。

　このような停滞から抜け出すための方策について同著p62に次のように記述されている。

「こうした停滞からの抜け出すための一連の行為——①場の肯定と異質なものへの接近、②二極化した事象間の連絡とその接点の探索、③判断の留保と新しい価値の創出——を、本書では「よりそう」・「つながる」・「ひびきあう」行為と名付けています。」

第1章　ホスピタリティの実践的意味とその背景

　自分と異質なものに出会うと私たちは戸惑いを覚える。そして自分が正しいと正当化しようとする傾向がある。しかし、相手も同様で自分が正しいと考えているはずなのだ。様々なお客様と対応する際には、この方はこういう価値観の方なのだ、この方はこういう考え方をするのだ、これがこの方そのものなのだ……と、相手の有り様をあるがままに受け止める寛容さも必要ではないだろうか。

　何が正しい、何が間違っているというのは、それぞれの価値観である。相手の言い分を否定したり、無視したりしないこと。これはグローバル人材の要件でもある。国が異なれば言語も異なり、文化も異なる。その上で、マニュアル上とは多少、異なってしまうとしても妥協点を見いだすことが求められるのだ。無論、すべて相手の要求通り100％リクエストにお応えすることができないケースも出てくる。その場合も、そこに到達するまでのプロセスにおける接客要員の努力があれば、お客様も納得してくださるものである。

③日本語と日本文化を理解している

　言葉は時代とともに変化・進化してきた。そうだとしても、昨今は日本語が短縮化されすぎてしまったり、美しい日本語がなおざりにされている気がしてならない。言葉の乱れは文化の乱れにもつながりかねない。外国語を習得するのも、もちろん、外国人観光客とコミュニケーションをとるために必要ではあるが、それ以前に、しっかりとした、美しい日本語を話せることが基礎となる。

　また、訪れた国の言語を話したい、遣ってみたい、覚えて帰国したいという外国人観光客もいることは間違いなく、日本語を交えてコミュニケーションを取ることも、相手にとっては嬉しい場合もありえる。

そして、日本の文化や自分が居住している地域の文化・歴史なども、ある程度理解し、外国人の方に説明できれば、心の交流はさらに深化するのではないだろうか。通訳案内士の友人はその資格を取得する時に、改めて、日本の文化や地元の歴史、特産品など、知らないことがありすぎて驚いたと語っていた。日本に生まれ育ったのに、母国のことを知らないことも思いの外、多いといえる。

　外国人観光客を受け入れる「日本」という国のホスピタリティ産業の接客要員として、これらの3点は是非、意識しておいて頂きたい。

　ホスピタリティ産業における接客に直接関わるような社員を「接客要員」（contact personnel）と称しているが、「接客要員」はホスピタリティマインドとホスピタリティスキルの両輪を、バランスよく持ち合わせることが求められる。

事例⑥

　地方のある病院でホスピタリティ研修を担当した時のことである。事前に院内を視察していたのだが、患者様に対して「〇〇様」とスタッフがお呼びしているのだが、違和感を覚えたのだ。そこで研修担当の方に質問してみた。

　その病院では、患者満足度を高めるために、院内で患者様の名前をお呼びする際には、事務職も看護師も検査技師も医師も含め、すべての部門のスタッフに「様づけ」を徹底させることにした。それで患者満足度が高まると予想していたにもかかわらず、結果としては不評だということだった。患者様からは、突然、様づけで呼ばれるようになって変な感じがする、よそよそしいという声もあがっていたそうで、納得できると強く感じた。地方の病院で来院されている患者様は高齢の方が多く、長年その病院に通院されている方も多い。そういう背景があって、これまで「〇〇さん」

とお名前を呼んでいたものをある日突然、「○○様」とトップダウン方式で、強制的に呼び始めたスタッフの気持ちと行動が伴っていなかったのではないか。もちろん、呼ばれる側の患者様も、とまどうはずである。スタッフにも研修の中で直接、声を聞き取ったところ、たとえば、ご近所に住んでいて仕事以外に長いつきあいのある患者様とは「○○のじいちゃん」「○○のばあちゃん」のように、身内のように呼び合う関係性もあるということだった。

　これは現場で、直接的に患者様と関わる仕事をしているスタッフと、直接的に患者様と接しない上層部の方々とのギャップが生んだ、ホスピタリティマネジメントの失敗の事例ともいえよう。現場で働き、お客様や患者様と直接対応しているスタッフの声を吸い上げることの重要性を示唆している。

3. ホスピタリティマインドとホスピタリティスキル

ホスピタリティを具現化するためには、ホスピタリティマインドとホスピタリティスキルという心と技術の両方が必要である。車の両輪のようなものであり、心と技術のバランスが必要だといってさしつかえない。

（1）ホスピタリティマインドとは
　　①想像力
　　②共感力
　　③察知力
（2）ホスピタリティスキルとは
　　①印象管理
　　②所作
　　③業務知識・商品知識
　　④雑談力

（1）ホスピタリティマインドとは

　ホスピタリティマインドとはどういうものだろうか。端的にいえば「おもいやり」という言葉につきるかもしれない。誰かのために動くことに労を惜しまない、苦にならない心根。

　人には持って生まれた性格や、育った環境によって培われた性格や思考のパターンや行動のパターンがある。しかし、日頃、様々なことに対して敏感かどうかは、自分の心がけや意識次第で変化していくものである。感性のアンテナが錆びついてしまうか否かは自分次第なのだ。

　毎日、通学・通勤するために利用するバス停、電車昇降場、地下鉄駅付近の季節による草花の色の変化。風でたわんだ木からこぼれてくる葉のこすれる音。天気によって変化する光や肌に感じる温度感・湿度感。乗車するバス・電車・地下鉄によって異なる座席の色・柄・感触。ありとあらゆる情報が私たちの五感に情報として入ってくる。ところがどうだろう。スマホの画面にばかり夢中でタッピングしていたり、周りの迷惑も考えずイヤホンから音を垂れ流しながら音楽に聴き入っていたり、よくいえば自分の世界に入り込んでいるのであろうが、様々な情報を見ているのに見えていない、聞いているのに聞こえていない、知覚できていない状態になっている人も増えているように感じられてならない。

　あるいは疲労が蓄積して、外界の情報が自分で知覚できない場合もあるかもしれない。筆者自身が体験したことがあるが、忙しい日々に疲れ果てていた頃のこと。犬の散歩をしていると、桜の花びらが風に飛ばされてきた。顔をあげると大きな桜の木の桜の花がすでに散り始めていた。桜の花が満開な頃、筆者はそれに気づかずに、見過ごして毎日歩いていたことになる。

　自分の五感を通して知覚していくことも、ホスピタリティマインドの醸成に繋がっていく。気づく力（awareness）の涵養にもなる。

第1章　ホスピタリティの実践的意味とその背景

　他にホスピタリティマインドに必要なことを、3点ほど列挙しておきたい。

①想像力

　お客様に対して、この方はどういう方だろう、どうしたら喜んでくださるだろうと想像する力。子供の頃からゲームやスマホが身近にあるので、生身の人間との関わりが少なくなってしまい、こういうことを言ったら、あるいはこういうことをしたら、相手は嫌がるということにまで想像力が至らないことがあるかもしれない。

　また、その逆のパターンもありえる。以前、ホスピタリティ研修で「お客様から言葉でリクエストされる前に気づいて、何かしてさしあげることが大事です。」と伝えたところ、参加者から質問が出た。「お客様に何かしてあげて、嫌がられたり、拒否されたらどうしたらいいですか？」というものである。一瞬ハッとさせられた。筆者自身にはそういう考え方がなかったからである。これは自分自身が自分の枠組みで考えたり、話したりしていたということであり、聞き手・受け手によっては、そういった疑問が生じることを気づかされた貴重な体験であった。そこでまず、「普段から自分がこう言ったら相手は嫌がるかもしれない、拒否されるかもしれないと先を考えて何も言えなくなったり、できなくなったりしていますか？」と尋ねてみた。その参加者は「そうなんです。」と言い、「疲れますよね？」と聞くと、大きくうなずいて、最初よりも大きな声で「そうなんです。」と答えた。そこで、「お客様によっては余計なお世話と思われ、せっかくのこちらのおもてなしの行為を拒否されることもあるかもしれません。その時は、失礼しましたとひっこめばいいことです。あれこれ心配しすぎて動けなくなるより、まず、気づいたら動くことをお勧めします。」とお伝えした。そして、「毎日、訓練だと思って、このお客様は何をしてほしいだろ

う？どうすれば喜んでくださるだろう？と想像しながら接客していると、だんだんと、いろいろなことが観えてくるようになるはずです。」と付け加えたことを、今でも明確に覚えている。

②共感力

　共感というと簡単なようだが、実際はそう簡単なものではない。あたかも自分のことのように、相手の置かれている状況・立場に立って、相手の心情などを感じ取れること。その相手の身になって同じように感じたり、考えたりできることである。自分がこのお客様の立場であれば、何を知りたいのか、何をしたいのか、何に困っているのか、そして、そのお客様の立場に立って何をしてさしあげることがベストなのかを考えられるかということである。ただし、この「あたかも」は実に難しいのである。

　接客要員とお客様では立場も違うので、単に仕事として一連のルーティンをこなして、対価報酬として給与を貰えればいいというような、割り切りがあっては、共感には近づけない。近づけるわけがないのである。

　この共感力は、ホスピタリティに必要なコミュニケーション力も欠かすことができない。なぜなら、お客様はこの接客要員には何を言っても通じない、無駄だと思えば、それ以上話すことを諦めてしまうからである。クレームがないからといって安心はできない。この接客要員には何を話しても無駄だ、と見限られているのかもしれないということだ。接客要員として、これほど哀しいことはない。

③察知力

　お客様が言葉で表現されなくても、応対していて、相手の表情や態度から、また、直接的なコミュニケーションをとっていても、本当はどうしたいのかを見抜く力のことである。想像力より、そ

の場その場の、もっと臨場感ある対応につながるはずである。

　ところで、筆者自身のホスピタリティ研修でもお伝えしているのだが、いくら思いやりがあったとしても、毎日の業務遂行に疲れ果ててしまい、その労もねぎらわれないような状態が続くと、肉体的にも精神的にも疲弊してしまう。自分の肉体にも精神にも余裕がなければ、動きたくても動けない、察知したくても察知できないという状況も出てきてしまう。接客要員といえども生身の人間である。無理なシフトが続く、繁忙期で休憩・休日もろくにとれない状況が続くとなれば、肉体的に疲労が蓄積し、動きが鈍くなったり、ミスも生じやすくなるのはやむを得ない。

　また、人間は感情の生き物であり、人間関係や、周囲からのねぎらいもなければ、心の余裕もなくなる。自分の心に余裕がないのであるから、お客様に対して思いやりをもった気配りもできず、相手の心に届くホスピタリティの実践は難しくなる。その意味で、組織は社員がお客様に心配りできるように、社員が自分自身の心の余裕がもてるような環境作り、システム作りをしていく必要があるのだ。

　顧客満足を高める対応を社員に求める以前に、社員が満足して働ける土台があるかどうかである。これこそ、ホスピタリティマネジメントの要諦なのである。このような観点に立って、企業は組織としての人員配置やシフト体制、職場環境整備が適正かを見直す必要がある。一方、社員は個々の責任と判断で自己管理を徹底することも重要である。たとえば、オフの日にゆっくり休養する、身体を動かす、趣味の時間をもつ、気を遣う必要のない友人とたわいもないおしゃべりをする、愚痴を言う、美味しいものを食べる等々、あげればきりがないが、確実に言えることは、人によって何が疲労の回復になるのか、ストレス発散になるのかは異なるということである。自分にとって適切な疲労回復・ストレス発散

の方法を見いだすことが、ストレスフルな現代においては特に必要とされる。経済産業省の「社会人基礎力」にある「ストレスコントロール力」が、まさにこれにあたる。

(2) ホスピタリティスキルとは

　ホスピタリティ産業においては、新人研修はもちろんのこと、ホスピタリティスキル向上のための研修は随時実施されているはずである。マニュアルはハウツーを学ぶものであり、ホスピタリティスキルの研鑽のために研修は欠かすことができない。

　ホスピタリティスキルの具体的な内容として4点あげておきたい。

①印象管理

　接客要員は、所属する企業のイメージにあった制服を着用しているのが一般的である。お客様に対して、清潔感と信頼感を与えられる制服の着こなし、女性ならば髪型、メークなどがこれにあたる。企業によっては、細かい部分にまで配慮された身だしなみ規定があるはずだ。その企業の制服を着用する以上は、身だしなみ規定に則り、自分が自分を観てどう思うかではなく、様々な年代のお客様から観て、自分が相手に与える印象がどうなのかを考えることが必要とされる。あくまでも他者目線、他者基準となる。

　この印象管理には態度や表情、所作も大きな影響を与える。態度は言葉にするのは簡単だが、内面が表ににじみ出てくるものであり、自分自身のホスピタリティマインドがにじみ出てくるものなのだ。たとえば、病院などが例としてわかりやすいのだが、初めて受診する病院で何かわからないことがある時に、聞きやすい事務の方、聞きやすい看護師の方を無意識のうちに探した経験はないだろうか。敏感にこの人なら聞きやすそう、この人なら丁寧に教えてくれそうと、その人の態度や雰囲気から直感的に判断する

はずなのである。表情も大きな印象管理のコンテンツの1つである。接客要員だから常にニコニコ笑っているのがよいというわけではない。その状況、お客様にあわせた表情が求められている。

以前、筆者がスーパーのレジに並んでいた時のことを例としたい。
事例⑦

その日は日曜日でレジには長い行列ができていたが、ある男性客が、レジ担当に大きめの容器に入ったお寿司の扱い方が雑だとクレームをつけた。レジ担当はすぐに謝罪したのだが、その時に笑顔で「申し訳ありません」と言ったのである。するとお客様は「なんだ！悪いと思っているのか！」とさらに怒り出した。申し訳ないと思っている時には、申し訳なさそうな表情が必要になるということだ。

人は相手の発している言葉と、その時の相手の表情・態度・行動が一致していないと、嫌な気分になる。繕った胡散臭い印象・馬鹿にされたような印象を受けたり、言葉だけの表面的なことだと受け止めてしまうのである。
事例⑧

ある病院の研修で、患者様アンケートを見せてもらった時も、同様のことがあった。激しい腹痛で病院に駆け込んできた患者様が、看護師から「どうしました？」と笑顔で言われたが、痛いのに笑顔で聞かれてとても嫌な気分だった……というような内容だった。相手が痛がっている時には、「どうしました？」と心配そうな表情をするほうが、相手に不快な思いをさせない。相手と相対している時には、相手の状況も推察し、相手の表情も観察して、共感的理解を示すような表情をするのが適切ということになる。

②所作

馬子にも衣装で制服を着用すれば、それなりの雰囲気は出せる

ものだが、所作は一朝一夕で修得できるものではなく、研鑽を積む必要がある。日常生活の中での意識も必要である。これも、相手への配慮が大前提となるが、たとえば何かをお渡しする時は丁寧に、向きを考える、両手でお渡しする、お渡しする時にアイコンタクトをする、という一連の流れが頭で考えることなく、流れるようにできるかどうかである。単に丁寧なだけがよいわけではない。接客をしていれば、忙しい時もあるため、その時にはスピーディに動きつつ、雑に見えないような意識が求められる。お待たせすることは、お客様のイライラをつのらせるため、「急いでやっています」ということを見せるパフォーマンスも、時には必要となる。

　お客様をお待たせしないために、急いで業務遂行しようとすると、よくありがちなのが、一生懸命のあまり表情が険しくなることである。自分では自分のその時の表情が見えないため、忙しい時ほど、時折、自分自身がお客様の目にどのように映っているかを意識することも必要となる。

③業務知識・商品知識

　それぞれの業務で必要な業務知識・商品知識もスキルの1つである。お客様から何を聞かれても、安心できるような回答ができることこそプロフェッショナルといえる。しかし、時にはわからないことも出てくるはずで、その場合には、即座に臨機応変な対応ができればよいのである。お客様からすれば、サービス内容、あるいは商品について質問した際に、接客要員がプロ意識に欠けるような回答をする時ほど失望することはない。そして、お客様とのコミュニケーションで、相手を敬う心が表現できる美しい日本語が遣いこなせること、また、グローバル化が進む現代では外国語を話せることも求められるが、自国の言葉の語彙を豊富にすることはホスピタリティ産業の節でも述べた通りであるが、相手に

あわせた言葉の遣い方ができるかどうかは、印象管理の重要なポイントともなる。

つまり、親しげに話しをなさるお客様に対して、あまりに丁寧すぎる言葉遣いは時として、関係性の壁を作ることもありえる。一方、とても丁寧な言葉遣いをなさるお客様に対して、自分では親近感をもった話し方をしているつもりが、相手には無礼だと受け取られる場合もありえるということである。

④雑談力

お客様によっては雑談を必要としない方がいることも事実ではあるが、短時間の接客の中であっても、わずかな雑談があるだけで、接客要員と顧客の関係性は変化し、その企業に対する印象までも左右することもありえる。

以前、家電量販店に洗濯機を購入するために行った際のことを紹介したい。

事例⑨

洗濯機のパンが実家マンションには設置されており、そのサイズにみあうような店頭商品を選んで購入手続きをしたのだが、接客要員の方と雑談している中で、両親が二人暮らしをしている話題となり、その接客要員が、「ご両親がお二人暮らしでしたら、店頭に並べていないので配送には時間がかかってしまいますが、ワンサイズ小さい洗濯機をメーカーから取り寄せましょうか？」と打診してくれたのだ。すでに配送の時間帯なども決めていたが、配慮に甘えて、ワンサイズ小さい洗濯機を取り寄せてもらうことにした。雑談力と手間を惜しまない臨機応変な対応力に感心したのは当然のことである。その雑談がなければ、洗濯機のパンにギリギリのサイズの洗濯機を購入していたであろうし、二人暮らしではそれほど大きな洗濯機は不要で、支払う代金も当初買う予定の

洗濯機より安価となり、顧客の立場としては満足度が高まることばかりとなった。

　家電量販店に出向くよりもインターネットで商品価格を比較し、口コミも参考にし、そのまま家からは一歩も外に出ることなく家電製品を購入することが増えつつある時代にあって、対面応対の良さを改めて痛感した出来事になった。

　次にホスピタリティスキル全般に関する事例を紹介したい。

事例⑩

　ホスピタリティ研修に参加してくださった看護師の方から、後日、とても印象深い書簡を頂いた。その方は研修の中でも、真面目で勉強熱心、仕事熱心なのだというとことを、体現しているような方だったのだが、研修の後、仕事をしていて患者様から言われた一言で気づいたことがあったと、わざわざ書簡をくださったのだった。その内容は次のようなものであった。その方ご自身は、看護師としてのスキルだけでなく、どうしたら患者様にもっと感じのよい接し方ができるかと考え、知識をため込む努力をしてきた。しかし、研修後に頭で考えるより、感じることを大事にしたいと気づき、その考えのもと、仕事に従事していたところ、患者様から「なんか雰囲気が違うね。前は険しい顔していることが多かったけど、最近ニコニコしてるね。看護師さんの笑顔は何よりの薬になるよ。」と言われたというのだ。頭で考えるばかりで、結局、自分が険しい顔をしていたことがわからなかった。知識だけを詰め込むことだけでは、ホスピタリティにはならないと気づいたという内容であった。

　知識が豊富になったとしても、気持ちに余裕がなければ無意識のうちに無表情になってしまったり、忙しければ険しい顔になってしまうこともありえるのだ。研修に参加してくださり、その先にある患者様との対応において、患者様が心地がよいと感じてくだ

さったことは、筆者にとってもこの上ない喜びであり、その書簡に感激した。

　研修において、基本的なスキルとして、お客様や患者様にこうしたほうがよい、こうするのはよくない、などということはお伝えしている。しかし、接客する側としても、それぞれ固有の雰囲気、経験値、判断力などの持ち備えた条件も異なる。また、お客様や患者様としても、背景・感じ方はそれぞれ異なるのである。したがって、接客要員が、その場・その相手によって、自分ができる最大限のことをいかに自発的に、かつ臨機応変に遂行できるか、ということが、ホスピタリティにおいては何より重要なのである。

4. ホスピタリティにおける共感的理解

> ホスピタリティは相手に対して、何かしてさしあげるだけの一方向的なものではなく、犠牲的なものでもない。双方向的で相互的な自分と相手との関係性構築につながるのだ。それがたとえ、その時だけの出会いであったとしても、決して一時的なものに終わってしまうことはない。記憶として残るものなのである。

　ホスピタリティは一方的にお客様に提供するだけのものではなく、お客様からの反応は、接客要員にとって忘れられない思い出になることがある。無論、様々なお客様がいらっしゃるので、自分自身がすり減るような思いで接客の業務に取り組んでいる方もいるはずである。昨今ではクレーム対応も以前より増加傾向にあり、接客で疲弊している方も多いと推測できる。それを承知の上でお伝えしたいことは、ホスピタリティはお客様に対して、一方的に奉仕するだけのものではないということである。双方向的な

ものなのである。何かをしてさしあげるから、その対価をもらえるのだという単純なものではない。流れ作業的に業務をこなしたり、ロボットのように機械的に身体を動かしているのでは、人と人との温かい心の交流は生まれないであろう。機械的に、毎日毎日、同じようなことの繰り返しを重ねていくだけでは、日々を重ねていくにつれ、仕事がつまらなく、色あせてしまうのも致し方ないことである。

　筆者の忘れることのできない、お客様との関わりあい。お客様との記憶に残る共有体験を紹介したい。

事例⑪

　筆者が客室乗務員として勤務していた頃の体験である。そのお客様はご高齢の女性で、ご病気で他のお客様がご搭乗される前に担架で医師と看護師同伴で機内に搭乗された。ストレッチャーという機内用ベッドに横たわるしかないお客様であった。出発間際まで医師がそばについていらしたので、病状は察するに余りあるであろう。

　行き先は北京で、ご同伴のお嬢様は疲労困憊のご様子で、あまり日本語が話せないと事前情報を頂いていた。ご本人も言葉を発することができないような状態であった。特にお食事やお飲み物なども不要なので、時折、様子を見るようにと医師から指示を受けており、カーテンで仕切られたお客様の寝ていらっしゃるストレッチャーのある場所を、業務の合間に静かに窺っていたのだが、いつもお客様は目を瞑っている状態で、苦しいのか、どこかが痛いのか、眉間に深い皺を作って、身体に力が入っているようにも見受けられた。その皺は今のことだけでなく、これまでの数え切れない苦労を示すかのように感じられてならなかった。あまり日本語の話せないお嬢様が付き添っていらっしゃること、このような病状の中でもあえてご搭乗なさったことの背景には、おそらく、

筆者の想像の域を超えるような何かがあるのだろうと感じずにはいられなかった。

その日は晴天であり、澄んだ青空が機内にまでしみこんでくるようだった。そして航路の途中、その青空に浮かぶ雲の上に、富士山がそれは美しく、機体の斜め前方に姿を現した。富士山が小さい、四角い飛行機の窓に、まるでそれが額縁であるかのように、真っ白な雲の上にぽっかりと浮かんでいるように見えた。思わず筆者はカーテンを開けて、目を瞑ったままのお客様の耳元で「富士山が見えていますよ。顔を少し右に向けることはできますか？」と話しかけた。お客様はゆっくりと目を開け、筆者を見つめて、そしてまたゆっくりと顔を右に向けた。肉がそげ落ちてしまったような腕を胸のあたりに持ってくると、窓の向こうの雲の上に浮かぶ富士山に、手を合わせる仕草をなさったのだった。

その後、筆者の方に顔を向けると、手を伸ばされたので、すかさず、筆者も手を伸ばしてお互いに手を握り合った。それは、ごく自然なことだった。互いに目線を合わせると、同時といってもいいほどに、私たちはともに涙を流した。

今でも不思議に思えるのだが、共感的理解とはこういうことを指すのかもしれない。一言の言葉すら交わさず、しばらくお客様と二人で手を握り合っていた。お客様に対して頷いたようにも思う。2人の間には、確実に何か通いあうものがあった。

この時のことを思い出すと、今となっても、胸の内にこみ上げてくるものがある。そして、澄んだ青空の雲の上に凛とした姿を見せた富士山や、お客様の苦しそうな眉間の皺や、骨と皮だけになったような手の感触や、静かな互いの涙を思い出す。

ホスピタリティは決して一方的ではなく、双方的であることを改めて強調しておきたい。

引用・参考文献など

・内閣府「サービス産業の生産性」平成26年
　http://www5.cao.go.jp/keizai-shimon/kaigi/special/future/wg1/0418/shiryou_01.pdf

・経済産業業「我が国サービス産業の競争力強化とグローバル展開」2007年
　http://www.meti.go.jp/report/tsuhaku2007/2007honbun/html/i3110000.html

・経済産業省「第三次産業活動指数」2015年
　http://www.meti.go.jp/statistics/tyo/sanzi/gaiyo.html#menu02

・総務省統計局「最近の正規・非正規雇用の特徴」
　http://www.stat.go.jp/info/today/097.htm

・厚生労働省「非正規雇用」の現状と課題
　http://www.mhlw.go.jp/file/06-Seisakujouhou-11650000-Shokugyouanteikyokuhakenyuki
　roudoutaisakubu/0000120286.pdf

・国土交通省観光庁「統計情報・白書　出入国者数」
　http://www.mlit.go.jp/kankocho/siryou/toukei/in_out.html

・国土交通省観光庁「統計情報・白書　経済波及効果」
　http://www.mlit.go.jp/kankocho/siryou/toukei/kouka.html

・前田勇著『現代観光とホスピタリティ』株式会社学分社　2007年

・宇都宮裕章編著『対話でみがくことばの力』
　株式会社ナカニシヤ出版　2010年

・山上徹『ホスピタリティマネジメント論』白桃書房　2005年

・（学）産業能率大学総合研究所
　サービスイノベーション研究プロジェクト編著
　『サービスイノベーション』産業能率大学出版部　2012年

・近藤隆雄『サービスマネジメント入門　第3版』生産性出版　2007年

・古閑博美『ホスピタリティ概論』学文社　2003年

・羽田昇史・中西泰夫『サービス経済と産業組織』改訂版
　同文舘出版株式会社　2005年

第 2 章

ホスピタリティマネジメント
〜その心と技術〜

マネジメントとはそもそもどのようなものであろうか？様々な論点があるが、組織においてヒト・モノ・技術・資源などを効率的に運用するためのひとつの手法ともいえる。それは単一的なものではなく、その状況・環境において、総合的に管理されるべきことでもある。

　では、ホスピタリティマネジメントとはどういうことであろうか？ホスピタリティマネジメントは顧客満足を提供するための総合的品質管理ということだけではなく、企業の社員やお客様、またお取引先様など、そこに関連する様々な関係者に至るまでの相互的な満足を追求するために、その環境を作り上げていく経営手法ともいえる。そこでは、顧客に満足を提供する以前に、まず、社員満足に目を向けることも重要なのである。

　長い間、様々な企業の研修にも携わってきて、年々、一人のスタッフが抱える仕事の幅は広くなり、量も増加してきていることを強く感じている。管理職といわれる方々も、ただ部下たちを管理・指導するというだけでなく、企業利益に貢献すべく能力を発揮することも要求されている。いわゆる「プレイングマネージャー」である。一人何役もこなさなければ業務が回らない。肉体的疲労や精神的疲労が蓄積することも当然といえるのだ。中間管理職は上意下達・下意上達のパイプ役として、重要な任務を果たしていることを経営者は改めて認識すると同時に、その処遇改善についても配慮する必要がある。特にホスピタリティ産業においては管理職といえども、現場でお客様に対して直接的なホスピタリティを実践をし、部下指導や人的配置、業務プロセスの効率化にも配慮しなければならない。

　企業研修で社会人の方々と直接接したり、大学の授業などで学生たちと接したりすることから、上司の立場、部下の立場、社会人になる以前の学生の様子から、見えてくる部分もある。そういっ

た視点で、社員のマネジメントのあり方について述べていきたい。これからのホスピタリティ経営についての理解と認識を深めていくことができるであろう。

1. コミュニケーションを通してのマネジメント

組織内におけるコミュニケーションの重要性を再認識し、その上でコミュニケーションを円滑化し、お客様へのホスピタリティに活かしていくにはどうすればよいのかを述べていきたい。

(1) 現代に求められるコミュニケーション能力
(2) 組織内におけるコミュニケーション
(3) 顧客とのコミュニケーション
(4) 後輩指導のあり方
(5) コミュニケーションの能力要素

(1) 現代に求められるコミュニケーション能力

　組織の目標を立て、その目標達成に向け効率的に業務を遂行するためには、正確かつ迅速なコミュニケーションは不可欠である。それは組織内（社内顧客）の相互理解や合意形成に必要なだけではなく、対外的（社外顧客）にも必要とされる。

　かつて、高度成長時代の日本企業においては、終身雇用制度、年功序列制賃金、企業内組合を特徴とした経営が機能していた時代もあった。受験勉強を頑張って世間一般に知名度の高い大学を卒業し、大手企業に就職できれば、企業内での経験年数や能力によって昇進・昇格し、退職まで安心して仕事ができた。頑張れば頑張っただけ、経済の発展に伴って賃金も増えていった。そのよ

うな時代だったのである。しかし、近年、産業構造の変化、技術革新の進展や労働者の就業意識・就業形態の多様化に伴い、労働移動が増大しつつあり、労働者に求められる職業能力として企業内で通用する能力から、企業を超えて通用する能力が問われるようになってきている。このように企業という垣根を越え、不測の事態に遭遇したとしても、社会の中で仕事をしていける就業能力（employability）が求められるようになってきている。

　企業においては、職業能力について、特定の職務への習熟から、変化への適応能力や問題発見・解決能力、さらには創造的能力、プレゼンテーション能力などが重視されつつあるともいえる。グローバル化が進んでいる現代においては、日本にとどまらず、世界に通用できる人材も求められている。いわゆるグローバル人材である。文部科学省のグローバル人材の定義には「グローバル化が進展している世界の中で主体的に物事を考え、多様なバックグラウンドをもつ同僚、取引先、顧客等に自分の考えをわかりやすく伝え、文化的・歴史的なバックグラウンドに由来する価値観や特性の差異を乗り越えて、相手の立場を理解し、さらにはそうした差異からそれぞれの強みを引き出して活用し、相乗効果を生み出して、新しい価値を生み出すことができる人材」とある。

　就職した企業で通用する知識や技術のみならず、他社でも海外でも活用できる知識や技術が求められ、社内コミュニケーションはもちろん、社外、国外の人たちとのコミュニケーション能力もますます必要となってきているのだ。つまり、自分自身に「労働市場価値」をつけていくことが、混沌とした・不安定な社会において生活していくためにも必要になってきているということである。

　このような時代の流れの中、IT化が進んでいるとはいえ、コミュニケーション能力は、これまで以上に必要とされている。

事例⑫

新人研修で自己紹介をして頂くと、毎回のように数名は、判で押したように「私はコミュニケーションが苦手で……」と枕詞をつけるがごとく言い出す傾向が見受けられる。ある企業の研修担当者が「あれは自己防衛ですよね？」と言っていたことが鮮明に記憶に残っている。サービス業に就業した人でさえ「コミュニケーションが苦手」という意識を持っているケースもあるということには驚かされる。ただし、一概に「今時の若い者は……」と言うつもりはない。核家族化が進み、祖父母と接する機会が減少したり、昔のようにご近所のおじさんおばさんに叱られるということもなくなった。自分の親とも友達感覚でコミュニケーションをとる家庭も一般的になってきている。とすれば、自分と年齢差のある人と会話する、自分と立場の違う人と会話する、自分と価値観のあわない人と会話するといった経験が少なくても致し方ない。経験が少ないのであるから、様々な年齢・経験・バックグラウンドの集合体である組織において、スムーズなコミュニケーションが社会人になったからといってすぐにとれるようになるか？といえば、とれる人もいれば、とれない人もいて当然である。相手の言い分がそのままに聞き取れずに歪曲して理解してしまう、自分の頭の中のことを整理して、言語化して表現できないというような苦手意識を持つ人も多い。

　また、長く仕事をしていると、その仕事をしていく上での定型的な思考のパターンや、本来自分がもっている思考の癖・価値観が、自分の頭で考えていることを言葉として口から発する時に、無意識にフィルターをかけた上で、言語化してしまうことも起こりうる。そのためか、業務遂行に関わる知識やスキルがまだ低い後輩・部下たちに対して、自分では通じると思っていることが、案外、通じていなかったりする。

　社会人になって半年程度の方々に、フォローアップの研修を実

施した時のことを取り上げたい。

事例⑬

　日頃の業務の振り返りをして頂くと、「職場ではわからないことを聞きづらい」ということがたびたび話題にあがってくる。理由を聞けば、「先輩や上司が忙しそうだから」「質問をして、こんなことも知らないのかと思われたくないから」ということが多いのである。もちろん、わからないことを聞きやすい組織風土があるか否かもあるとは推測できる。ここでお伝えしたいことは、後輩・部下指導をする方々は、自分の経験値や思考枠にとらわれず、相手の立場に立ち、どう伝えれば理解してもらえるかを意識することが必要だということだ。また、反対に組織の下層部で働く経験の少ない人たちは、先輩・上司から伝えたいことを聞かされたならば、自分の理解したことを、自分の言葉に置き換えて確認してみることも必要となる。

（2）組織内におけるコミュニケーション

　報告・連絡・相談などは組織内コミュニケーションとしては基本中の基本となるが、意外と組織内でおざなりになっているケースも見受けられることがある。言わなくてもわかるだろう……自分で気づいて自発的に仕事をしてほしい……と期待する以前に、まずは言葉で明示的にアプローチすることだ。「一を聞いて十を知る」「行間を読む」「以心伝心」など、昨今の日本の若い社員はもちろん、外国人の社員にはなおさら理解されないことが多いであろう。

　組織には様々な部門が存在し、様々な人材が協働しているわけだが、協力しながら、1つの目標を達成するためには、当然ながら報告・連絡・相談は不可欠である。

事例⑭

様々な企業研修で感じていることに、男性と女性のコミュニケーションの取り方の差異もある。あくまでも私見ということはあらかじめお断りしておく。女性はともすれば、丁寧であるがゆえに、説明が長い傾向があり、コミュニケーションをとっていると、内心「結局何がいいたいのだろう？」と思いながら、話を聞くことも起こりえる。反対に男性はといえば、ある程度簡潔なのは良いのだが、本人にはよくわかっていることでも、説明が不足していたり、情報が不足していたりして、筆者には伝わってこないため、いくつか質問をして、やっと「そういうことだったのか」と理解できるということもある。もちろん、男性・女性に限らず個人差もあることもお断りしておきたい。

　植村勝彦・松本青也・藤井正志『コミュニケーション学入門』p143から「職場のコミュニケーションの問題点」を抜粋して紹介したい。
「上司の立場と問題点
①日常的にコミュニケーションに関する心遣いが足らず、「職務上の権限と責任の範囲」に関する認識や「部下に対する配慮」が不足している。
②上司が部下に必要な情報を与えず、組織目標や組織の課題への理解を妨げている。
③上意下達はあるが下意上達が、不十分である。
④部下の立場・状況を考えないまま、一方的に情報を伝える。
⑤上司の関心度の低い情報については、部下に伝えなかったり、また上司の主観で情報をゆがめて伝える。

　部下の立場と問題点
①自分の将来を考えて、上司の意に反する発言や質問を敬遠する。

②自己保身のために都合のよい情報のみ伝え、不利な情報を伝えなかったり、歪曲して伝えたりするため、上司に正確な情報が伝わらない。

③忙しいことを口実に、上司に対して十分に報告を行わない。」

　つまり、重要なことは、伝える相手がどのような立場、どのような性格、どのような理解力なのかを踏まえた上で、相手が理解できるように工夫して話すことである。互いに相手に理解してもらえるように、話すことができなければ、コミュニケーションは意味をもたなくなってしまう。

　双方向で話しているように思えても、実は一方的であったり、どちらかが諦めてしまったり、話すだけで満足してしまっていたり、コミュニケーションは仕事には欠かせないが、難しい側面もある。

　私がカウンセリングの恩師として師事していた友田不二男先生に、自分の思っていることがうまく相手に伝わらないことが多い、私の考えているそのままに伝わらないことが多いという内容を話した際に「自分が言いたいことの3割伝われば上出来でしょう。」と言われたことがある。以来、相手に3割程度しか伝わらないのであれば、どうすれば、相手に理解してもらえるように伝えられるか、ということを意識するようになった。伝わって当然、自分がわかっていることなのだから相手も理解できて当然という前提から、伝わらないことが多い、理解してもらえないことが多いという前提で、コミュニケーションをとるようにすると、聴くこと・話すことをこれまで以上に大事にするようになる。

　組織全体としては、コミュニケーションが迅速かつ円滑にとれるような方策のひとつとして、従来のピラミッド型の組織からフラット型組織への移行も望ましいともいえる。ただし、そこにはメリットもあればデメリットも存在する。メリットとしては風通しも

よく、自分の意見が上司に対しても直接言いやすくなるため、自分で問題意識を持ち、自分で考え、自分の言葉で伝えようと努力する。縦の関係性でありがちな壁もなくなるので、人間関係もよくなる。デメリットとしては、仲間意識が強まるのはよいのだが、緊張感が薄れ、馴れ合いに流される傾向が生まれてくる。したがって、立場の垣根を越えて、指示・命令をするだけでなく、質問を投げかけたり、意見を引き出したりしつつ、適度な緊張感をもって、双方向的なコミュニケーションがとれる関係性を構築していくことが重要となる。

（3）顧客とのコミュニケーション

　コミュニケーション力はお客様対応にも欠かせない。以前、旅行会社の研修でカウンター業務の方が、お客様に旅行商品の説明をしていたら「あなたの話はわからない。違う人に替わって。」と言われてショックだったと話してくれたことがある。中堅社員なので知識不足ということではなく、そのお客様が理解できるような説明がうまくできなかったようだった。これもひとつの「サービスの異質性」にあたる。人によってとらえ方、受け止め方が異なるのだ。

　一方、お客様の求めているモノや求めているコトが多様化している近年においては、お客様との双方向のコミュニケーションの中に、ニーズやウォンツのヒントが隠されていることも事実である。その意味でも、顧客との直接的な接点・双方向のコミュニケーションは、今後、ますます重要となってくることは間違いない。

　顧客のニーズやウォンツを明確化するために、カウンセラー的要素も必要となるケースもあるかもしれない。カウンセリングには様々な技法があるが、たとえば、カウンセラーはクライアントのはっきりとしない、心の中に潜む「何か」を、カウンセリングを

進める中で明確化し、共感的理解をしながら言語化して応答する。自分の中の「何か」が明確になったことでクライアントはカタルシス効果（浄化）を得られる。顧客の潜在的なニーズやウォンツを引き出して、それを明確にすることと共通する部分もあるはずだ。

　たとえば、顧客接点において顧客がはっきりと言葉にはしないが、心の底で望んでいる対応を感知し、理解し、提供できること。あるいは、顧客から情報を引き出したい時に、顧客の中の潜在的欲求を感じ取るための「共感性」と「感受性」が高ければ、より顧客を受容し、理解することが可能となる。

　例年、4月には、サービス業で対面対応でも電話対応でも、すぐに新人だと感じさせるもどかしい対応をする人もいる。最初はたどたどしくとも一生懸命であれば、それはお客様に伝わるはずだ。必ず伝わるものである。最初からうまくいかないということで、ことさら萎縮する必要はない。

（4）後輩指導のあり方

　先輩・上司としては後輩・部下が1日も早くお客様とのコミュニケーションがよりスムーズにでき、お客様の希望をくみ取れるように、常日頃から組織内でコミュニケーションを活発にとることが重要である。先輩・上司は自分と後輩の実際のコミュニケーションを通して、その先にある後輩とお客様とのコミュニケーションについても、指導をしているという意識が必要なのである。

　サービス業では実際に、お客様の目の前で、後輩・部下の指導（OJT）を行うこともあるので、後輩・部下のできていない部分、マイナスの部分を指摘したり、指導することがどうしても多くなりがちである。まずは後輩・部下の足りない部分を矯正することに意識がいってしまうのは当然のことである。しかし、近年の傾向として、親や学校の先生たちから注意されることに慣れていない、

叱られることに慣れていない、というような人も多いのは否めない事実なのである。企業の後輩指導にあたった方々からも同様のことを何度も聞いているのだが、注意したり、叱ったりするとフリーズしてしまう人がいるという。注意されたり、叱られたりして、プチパニックになってしまうのかもしれない。

　これは実際にあった話だが、ある企業の方がミスが多い後輩に注意・指導をしたところ、真顔で「褒められて伸びるタイプなので、褒めて指導してください。」と言われたと苦笑していた。早く一人前になってほしいという思いから、後輩のマイナスの部分を修正しようとして注意・指導をするわけだが、できている部分にもフォーカスして、時には、認めること、褒めることも指導には必要とされる。できていない部分は補正し、良い部分は褒めてさらに伸ばす。この繰り返しで人は成長していくのである。

　ここで承認の必要性についてふれておきたい。

　太田肇著『承認欲求』p38に「人間は、周りの人の目や評価をとおして、はじめて自分自身を知ることができる。自分の姿をみるのに鏡が必要なのと同じである。それゆえ、他人からの承認が欠かせないのである。日常の仕事や生活の中で実力や業績を称讃されること。自分の行為に対して相手から感謝されること。これらはいずれも自分の能力や影響力を客観的に知る貴重な手段となる。称讃や感謝をとおして、自分にどれだけ能力・影響力があるか、またそれを発揮する方向が間違っていないかどうかを知ることができるわけである。」とある。

　言葉に出して、できている部分は承認することも成長の糧となる。他者から、上司から、世間から認められたいと思う心は、程度の差はあれ、誰にでも共通している。承認は心のエネルギーになる。

モチベーションの源になる。お客様へのホスピタリティ具現化のための、自分自身の精神的蓄えにもなりうるのだ。自分自身が精神的に余裕もなく枯渇状態であれば、お客様に対して思いやりの心をもつ「ゆとり」はなくなる。他者肯定は相手の自己肯定につながる。承認は必要なのだ。

　筆者自身、組織に所属している頃に体験してきたことだが、先輩や上司から顧客満足を高めるためにと重箱の隅をつつくように、こまごまと指導・指摘されてしまって逆に萎縮してしまったこともあった。それよりも、ある程度のレベルに達したならば、コミュニケーションをよくとり、信頼して仕事を任せたほうが、自分で考え、判断し、とっさに目の前のお客様に対して最善の対応を提供できるようになるものである。もちろん、その基礎となる知識やスキルのための教育が必要なのは言うまでもない。

　「教育」は「脅育」ではなく「共育」であるという心持ちが大切である。アウトプットすることで自分自身がインプットしたことをリマインドしたり、新たに気づかされることもあるのだ。経験を積んで、教育を担当する立場になる頃には自分自身が、業務遂行上でとまどったことや、失敗したことも思い返し、こういうことがわかっていたらもっと良かったのにと感じることや、自分自身の体験談も含めながら指導していくことも効果的である。

　後輩指導の研修やリーダー研修を担当すると、後輩を指導するのに注意したり叱ったりすると、辞めたがる人もいるので言いたいことが言えないという話もよく耳にする。年齢も経験値も異なり、ましてや、育った時代背景も異なるのであるから、自分の業務遂行もしながら、後輩に対して教育をすることは多大な労力と時間を費やす。気苦労も多いのは当然のことである。しかし、これは中間管理職としての重要な仕事なのである。

　病院で看護師の方々の後輩指導の研修を担当した時に、患者様

第2章　ホスピタリティマネジメント〜その心と技術〜

の命にも関わる仕事のため、飲み込みが悪い後輩指導をするスト
レスで、自分自身の身体に異変がおきたという体験談も何度か伺っ
たことがある。

　どの業種においても、「相手」（お客様）が存在し、直接的な対
応が必要である場合、指導する側の気苦労は並大抵ではないは
ずである。教育に携わっている時だけでなく、日頃から些細なこ
とでも後輩に対して声がけをし、後輩の思考や行動のパターンを
把握し、対象となる後輩が理解しやすいように、かみ砕いて伝え、
「なぜ」そうしなければならないのか、「なぜ」そうしてはいけな
いのかを伝えていくことも必要である。「マニュアルでこうなって
いるから」「昔からこういうやり方だから」ではなく、後輩が納得
して、「なるほど、そういうことなのか」とストンと落ちるような
感覚が重要なのである。心から納得したことは忘れない。しっか
りインプットはされるが、「理由」も理解できないまま、頭ごなし
に指導されたことは逆に身につかないことも多い。

　また、職場内の信頼関係の構築も前提として必要である。自分
が万が一、ミスをしてしまっても、先輩や上司がフォローをしてく
れるという信頼感がなければ、経験値が低い間は、思うように動
けなくても当然といえる。何かを教えたとしても、曖昧に「わかっ
たつもり」になってしまう後輩がいたり、わからないことがあって
も即今即処（今・ここ）で質問できない後輩もいるのである。指
導している対象の表情や態度なども観察しながら、確認したり、
質問しながら教育することも必要となる。

　近年は、当人の中で疑問に思うことがあっても、それを言語化
して表出できない人も増えているように感じられる。したがって、
その対象の表情や態度から、大丈夫かな？と感じる部分があれ
ば、確認することが必要なのである。最終的にお客様にはね返っ

53

ていくことなのだ。後輩と友達のように仲良くなるということでなく、親近感をもって、ささいなことでも遠慮なく質問できるような先輩・上司であることも必要であろう。先輩や上司が、やらなければならないことが山積みとなって、それらを抱えこみ、余裕がないような状態だと、後輩はなかなか質問しづらかったり、報告も後回しにしてしまう傾向もありえるのだ。

（5）コミュニケーションの能力要素

　末田清子・福田浩子『コミュニケーション学』p105～p106に「コミュニケーション能力の研究はもともと修辞学あるいはレトリック（rhetoric）という領域に端を発したと見てよい。レトリックとは、いかに相手を説得し、相手に行動変容をおこさせるかという言語活動のことである。レトリックを操る能力は、生まれつき与えられたものではなく、私たちひとりひとりが、与えられた状況の中で、説得するための手段を発見していかなければならないとされている。その能力を構成するのが、次の5つの要素であると考えられている。まずは、何を言うべきかと内容《構想（invention）》が大切であり、次にそれをどのように並べるか《配置（disposition）》、そしてどのような文体で修辞するか《修辞（style）》、そしてそれを記憶にとどめ《記憶（memory）》、魅力的に発表しなければならない《所作（delivery）》。この5つの要素を踏まえ、相手に大切な情報を伝達したり（informative）、相手の考えや態度や行動を変えたり（persuasive）するのである。」とある。

　実際の後輩指導のコミュニケーションに置き換えると、伝えるべき内容を明確化し、どのような言葉を選択し、どういう順番で伝えるかに配慮し、その際の自分自身の表情や態度も意識する必要があるということになる。

また、同著のp108においてワイマン（Jhon M.Wiemann）の研究について述べられているのだが、具体的なコミュニケーション能力の要素について5つ列挙されている。

「1つめは、自分が相手を支持しているということ（affiliation-support）を示すことである。例えば、視線やうなずき、話している時間、話す速さなどで、相手に支持のメッセージを送ることである。2つめは、リラックスした状態でいること（social relaxation）を示すことである。例えば、姿勢や動き、話す速さなどで、自分がリラックスした状態であることを伝えるのである。3つめは、感情移入できること（empahty）を示すことである。相手に対して、積極的に聞く姿勢を見せることが大切である。4つめは、融通性を持って（behavioral flexibility）相手のコミュニケーションに対応することができる能力である。5つめは、インタラクションを調整することができること（interaction management）である。インタラクションを調整するためには、スムーズで容易な相互作用のパターンをつくり保つことができる能力と、インタラクションを独り占めしないようにその方向性を計画し、管理することができる能力が必要である。」

　この部分も後輩指導におけるコミュニケーションに当てはめてみたい。すでに前述したこととも重複するが、自分自身が業務多忙で余裕がない雰囲気を極力、抑制し、後輩を支持し、傾聴の姿勢を見せること。様々な状況で、様々なレベルの後輩がいる中で、融通を利かせ、臨機応変に、感情的にならずに相手のコミュニケーション能力に配慮し、共感的理解をしながら、双方向の相互的なやりとり（インタラクション）ができるように意識することである。

　忙しい業務の中、言うは易く行うは難しであるいうことも、理解しうるが、意識して実践するようにすれば、自然と行動化でき

るようになるはずである。

2. 組織における社員満足

顧客満足を提供するためには、まず組織内の社員満足に
目を向けるべきである。社員満足を高めるためにはどの
ような経営手法が求められるのであろうか。社員が働く
モチベーションを下げることなく働ける環境づくりにつ
いて考えていきたい。

(1) 社員満足と職場環境
(2) 社員満足と権限委譲
(3) 権限委譲のメリットとデメリット

（1）社員満足と職場環境

　社員満足というと待遇のことを思い浮かべるだろうか？賃金が
高いと社員満足はあがるだろうか？対価報酬として支払われる金
額が高いことは、もちろん満足につながる。頑張って働いている
のに、世間水準や同業他社水準と比較して報酬が低いということ
は、自分の存在価値が低く見られているように感じる原因にもな
りうる。また、個人個人で価値観は異なるので、「お金」に対して
価値観の重きを置く人もいれば、「自由な時間」に対して価値観の
重きを置く人もいるので、一概には言い切れないことも事実である。
ただし、対価報酬だけが直接的に満足につながるかといえば、そ
うともいえない。職場内の人間関係が悪い、コミュニケーション
が思うようにとれない、仕事をやってもやっても認めてもらえない、
業務のやりがいを感じられない……このようなことがあれば、いく
ら対価報酬が高くても満足度は高くはならない。

社員が意見を言いやすい、自分の意見が何かの形で実現できる、働きやすい環境である（たとえば働く母親が多い企業で保育所を併設している、有給休暇が取得しやすい、等々）、教育費や研究費などにも経費を廻してくれるなど、直接的に社員に還元されるお金に関わること以外でも社員満足度は高まる。

社員満足に関連して、企業研修を担当した時に印象深かったことのひとつに、「仕事をしていて、自分がやっていることが会社の何に役立っているかがわからない。」「会社が目指している方向性がわからない。」というものがある。

事例⑮

これはある企業でホスピタリティ研修を実施した時のことである。その企業は組織風土にも問題があると感じていたので、まずは社員の方々が常日頃、問題だと認識している部分、不満を感じている部分を参加者同士で共有化していった時のことである。上層部からの業務指示に従い、現場で毎日毎日仕事をしているだけで、漫然としてしまい、自分の役割や会社の方向性が明確でなくなってしまい、モチベーションが下がってしまった。なんのために働いているのかわからないという。上層部の方々は、社員はわかっていて当然である、社内報を配布しているから問題ないということだけでなく、現場の方々と直接的な言葉で、たとえそれが繰り返しになったとしても、常に役割意識や会社の現時点での方向性・今後の方向性を伝えるべきである。社員に対して、お客様に対するホスピタリティ向上を求めるには、社員ひとりひとりの働くモチベーションを維持・向上させるような組織風土・文化があり、さらにそれを改善・改革しようと努力しているかが重要となる。

組織文化を社員に伝達し、浸透させるための実践的な戦略について3つのポイントを列挙したい。

1つ目はどのような文化を構築していきたいかを明確に伝達する

こと。そして、なぜ、そのような文化が必要なのかという理由も伝えるようにする。

2つ目は組織の理念・価値観を折あるごとに伝えること。繰り返し繰り返し、伝えていくことが必要である。

3つ目は伝える組織文化が一貫していること。たとえば、経営者が伝えていることと経営者が実現させていることにズレがあったり、言っていることがブレてしまっては組織文化の浸透には、いずれ限界がくる。これらが十二分に徹底されているような企業もあまたあることも事実であるとは、付け加えておきたい。

（2）社員満足と権限委譲

社員満足を高め、働くモチベーションを高めるための方策として、権限委譲（empowerment）もあげられる。権限委譲とは、顧客のニーズにより素早い対応をするために、現場の接客要員に権限を与えるというものである。顧客のニーズに対して、あるいはクレームに対しても、いちいち上司にお伺いを立てる時間を要さず、対応した接客要員が自分の責任と判断で、その状況・その顧客に対してベストだと思えることを実行することが可能となる。自分が置かれている状況の中で、顧客に対してより高い満足を提供するために自分がどうすべきかを判断する際に、自分の裁量で顧客の立場、企業の立場に立って、自分自身を制御していく力も必要である。

お客様は待たされることなく対応してもらえることになり、接客要員は自分で判断するので、責任感をもって、積極的に業務遂行することができるようになる。上司に毎回毎回、指示を仰いでいると、自分の判断の責任は負わなくてよいことになり、いつまでも上司に依存することにもなりかねない。自分で考えて行動することに、いつまでも不慣れなままになってしまうこともありえるのだ。

マニュアル通りに、上司の指示命令通りに「やらされる」だけでは、様々な状況・様々なお客様に対しても自分で考えて行動することが少なくなり、仕事は単純でつまらないものと感じることになりかねない。生き生きとやりがいを持って、お客様と接することが楽しくなければ、お客様の期待値を超えるホスピタリティを提供することは難しいともいえる。

自身の体験談から次の事例を取り上げたい。

事例⑯

機内でファーストクラスのお客様にサービスをしていて、お客様と雑談をしていた際、「今日は仲のいい先輩と組んで仕事しているんでしょ?」と質問された。まさに、お客様の推測通りで、その時のサービスメンバーはプライベートでも懇意にしている先輩たちと一緒だったので、メンバー内に信頼関係があった。それゆえ、私は伸び伸びとお客様に接することができ、自分の判断でサービスの瞬間瞬間に、気づいたことを即座に実践することができていたのである。私はまだ仕事を始めて2年くらいの時だったのだが、お客様は「伝わるんだよね、そういう働く人の雰囲気って。今日は居心地がいい空間だもの。」とおっしゃったのだ。ホスピタリティマインドやホスピタリティスキルも重要だが、ある程度の裁量をもって判断・行動ができ、その背景として、働く人同士のチームワークや、その人間関係の醸し出すムードは、しっかりとお客様に伝わるものなのだと実感する出来事だった。

また他の事例として、以前、クレーム研修を担当した企業のことを取り上げたい。

事例⑰

現場で実際によくあるクレーム事例を活用して、ロールプレイを実施した時のことである。大半の社員がクレームを言われたらお客様にすぐ謝罪し、上司を呼ぶというパターンになっていたのだ。

上司の方が「まさか、こんなに本人たちが考えもしないで、すぐに私を呼んでいたとは、忙しい現場で気づかなかった。ショックです。」とおっしゃっていたが、こういうことも往往にしてありえる。ともかく謝罪して、上司を呼んでしまえば、後は上司がやってくれると思い、そういうパターンが身についてしまったのであろう。

　権限委譲されていれば、接客要員は自分自身で、お客様への対応をカスタマイズできる（臨機応変な対応が可能となる）ので、働くモチベーションもあがる。お客様の反応を見て、こういう対応をすれば満足していただける、こういう対応では不満足になる、さらに、どうすればもっと満足していただけるのか、どうすれば不満足を減らせるのかと考えるきっかけにもなりうる。

（3）権限委譲のメリットとデメリット

　権限委譲にはメリット・デメリットもあることに留意する必要がある。

　メリットとして5つあげたい。

①顧客ニーズに対する素早い対応ができる。

　まずはこれが大きなメリットである。

　上司に報告し、指示をもらい、対応する時間が不要なので、その時・その場・そのお客様に対して自分の判断で対応していくことが可能となる。

②顧客クレームに対しても素早い対応ができる。

　不満を抱えているお客様にとって、その対応を待たされることは不満足をさらに増幅させてしまう。待たされる時間はとても長く感じてしまうものである。素早く、たらい回しにされない対応こそ、クレーム対応には必要である。

③接客要員自身が自分の仕事にやりがいを持てる。

　自分で判断し、自分で行動し、お客様により質の高い満足を提

供できたり、不満足を解消することができるので、自分の仕事にやりがいを感じられる。それこそが働くモチベーションである。自分がお客様への対応の、プロセスの一部分を担当しているという感覚でなく、お客様への対応の全般的なことを掌握している満足感を得ることができる。直接的にお客様からお礼を言われることも増えるはずである。自分の仕事に工夫する気持ちも生まれ、ホスピタリティマインドとスキルの向上にもつながる。業務のマンネリ化を感じる度合いも少なくなるはずである。

④自分の意見を持ち、サービス改善の提案ができる。

指示待ち型ではなく、自分で考え、自分の意見を持ち、こうすればもっとよくなるという、現場での具体的なサービス改善案が出せるようになる。現場で実際にお客様との接点がある社員ほど、いろいろなアイデアが出てきて当然なのである。ところが、トップダウン方式で現場の意見も取り上げてもらえない、何を言っても無駄、自分で考えることも無駄と感じてしまえば、組織の中の駒の一つとして、単に仕事をこなしていけば十分だ……などと考えることも起こりうる。

現場で顧客接点の多い社員ほど、様々なサービス改善の具体案を持っているものである。これは、サービスに顧客の意見を反映するという意味で、マーケティング上、接客要員の重要な役割でもある。

⑤顧客との信頼関係構築ができる。

お客様と関わる上で権限委譲ができれば、より深く関わることができ、そのお客様に対してだけの「あなただけのサービス」を提供できるので、信頼関係が構築できる。ホスピタリティ産業では人と人の関わりあいが重要となるので、自社のファンになってくださるお客様も増加する。

次にデメリットを3つあげたい。

①社員の資質が求められ、教育に時間を要する。

　上司に頼らず自分で判断できる資質や能力が備わっていること、様々な状況で判断していける知識や経験が求められるため、教育にも時間と費用がかかる。

　そして、何より、職場内で上司と部下の信頼関係も土台として構築されていなければならないため、一朝一夕に権限委譲が実現できるわけではない。

②顧客に対して公平性に欠けることもありえる。

　一人のお客様に対して、自分自身の判断で対応していくので、リクエストやクレームを言う顧客と言わない顧客に対して、公平性がなくなる可能性も起こりえる。また、リクエストやクレームを言う一人のお客様に対応する時間が長くなり、手間もかかる可能性もある。つまり、混みあっている場合など、自分が対応している他のお客様をお待たせしてしまうケースも出てくる。

③コストがあがってしまう可能性もある

　自分自身の判断で顧客のニーズやクレームに対応していくので、場合によってはコストがあがってしまうケースも出てくる。そして、このコストも接客要員ひとりひとりの判断により、差が出てくることもありえる。

　ザ・リッツカールトンの権限委譲は顧客満足を高める成功例として有名であるが、前述のようなメリットとデメリットも踏まえなければ、簡単に権限委譲を実現することは厳しいと考えられる。

　従来、「ピラミッド型」の組織経営が多かったが、モノづくりが中心であった時代はそれでよかったであろう。しかし、経済のサービス化が進んだ現代において、顧客と接点の多い現場で働く社員に権限委譲をしたり、社員の意見を積極的に取り入れたりするた

第 2 章　ホスピタリティマネジメント～その心と技術～

めには、「逆ピラミッド型」の組織運営も求められている。「逆ピラミッド型」の組織こそ、社員が自律的かつ自立的に考え、動ける職場になりうる。現場で顧客接点の多い社員が、気づき、考えたことを意見として出し合える、それを上層部は判断し、現場で実現可能となるように後押しする。まさに、お客様が求めるホスピタリティの具現化の土壌づくりが可能となる。現場の接客要員が、その場で、その個客の要望や不満にマッチするようなスピーディな対応をしていくためには、マニュアル一辺倒でない臨機応変な柔軟性に富んだ対応が可能となる組織風土や、いちいち上司の指示を仰がずとも、お客様をお待たせすることなく、迅速な対応が可能となる権限委譲が必要なのである。

　企業は顧客満足を高めるためにと、社員を叱咤激励することよりも、まず社員満足に目を向けるべきである。社員の働く環境、組織風土、人間関係、セクショナリズム、権限委譲、働くモチベーションなど見直すべき視点が存在するはずである。見て見ぬふりをすることは容易であるが、いずれ顧客に対しても顕在化していく可能性がある。

「ESなくしてCSなし」。社員満足なくして顧客満足はないのである。

63

3. 顧客満足の実践的意味

経済のサービス化が進む現代において、あらゆる企業が
サービス競争下におかれているととらえることが必要で
あることは既に述べた。そして、企業が存続し続けてい
くためには顧客満足をいかに追求し、改善していくかと
いうことが永続的な課題となる。ここで、顧客満足の実
践的意味についてふれたい。

（1）顧客満足の概念の変遷
（2）顧客満足の時代的変化
（3）顧客満足と事前期待

（1）顧客満足の概念の変遷

　まずは顧客満足の概念の変遷についてふれたい。顧客満足
の概念を大きく打ち出したのは、ドラッカー（Peter Ferdinand
Drucker）である。

　1950年代は顧客満足が認識され始めた時代ともとれるが、ド
ラッカーは、それまで当然とされていた事業の目的を「利潤」で
はなく「顧客創造」にこそあると主張した。企業が永続してい
くためには目先の利潤追求をするのではなく、顧客創造を実行し、
その結果として利潤はついてくるとした。利潤は企業活動によっ
てもたらされる、最終的成果ということである。顧客創造の原文
は「create a customer」であり、ひとりひとりの顧客を創造すると
いう意味となるであろう。これはすでに市場にあるモノやサービ
スの提供のみならず、ひとりひとりの顧客の中でまだ明確化され
ていない、潜在的ニーズやウォンツを引き出し、より優れたモノ
やサービスを提供し続けていくことが、企業にとって必要不可欠

第 2 章　ホスピタリティマネジメント〜その心と技術〜

ということである。

　1960 年代はマーケティング政策への顧客満足の理念が定着して
いった時代である。マッカーシー（Joseph Raymond McCarthy）
は、製品（product）、価格（price）、チャネル（place）プロモー
ション（promotion）の 4 つをマーケティング上の統一的な管理体
系としてとらえるべきとした。これが 4P 論である。つまり、製品・
価格・流通・告知宣伝活動を統合して市場のターゲットに向けて
政策投入するということである。ただし、理念としての顧客満足
のもとにマーケティング活動が遂行されていたとはいえ、現実的
には活動成果としての「利潤」が重視され続けていたことも否め
ない。企業は成長することを主軸としていたといえる。

　1970 年代は 1960 年代の企業成長における不正・不当販売、欠
陥商品提供、不正確な情報提供の代償として、消費者運動、公害
告発運動や住民運動が盛んになっていく。顧客満足を提供するど
ころか顧客不満を増長させてしまい、顧客満足を実務的に測定・
評価しようとする動きが出始める。つまり、事業目的である「顧
客創造」のため、「顧客満足」を主軸とし、マーケティングが直接
的対象顧客以外の社会全般に対しても、強い社会倫理で自己規制
をするということである。顧客にのみフォーカスするのでなく、社
会全体の生活者も総合的にとらえていく必要性を認識するに至っ
たということである。

　1980 年代は市場の伸びがなくなり、企業間での競争が激しく
なった。市場の伸びがなくなるということは、ある企業が勝利す
れば、もう一方の企業は敗退することになる。競争優位そのもの
が顧客満足の証とみなされ、顧客満足の目標・測定・評価よりも、
市場シェアや利潤が優先されるようになってしまう。

　1990 年代以降は企業間の競争戦略が激化し、利潤優先となった
ものの、その利潤の低下に直面した時、経営資源の節約や機能の

合理化に懸命となり、その分、顧客満足を低下させてしまうことに改めて気づきはじめた。企業の永続性のためには、顧客の創造と維持が必要不可欠であり、顧客満足の追求こそが事業運営の基本であるという原点が改めて認識された。

嶋口充輝『顧客満足型マーケティングの構図』p61～p62には「そして今日、顧客満足は企業との交換を通じて顧客自らの喜びや価値を高める状態をさし、それがヨリ長期的な売り手たる企業と買い手たる顧客とのよきリレーションとして維持される関係構築に向かうとみられるのである。」とある。ここでいう「交換」とは、企業がモノを売り、顧客がモノを購入する（対価を支払う）ことをさすが、買い手（顧客）は支払う「対価」より、受け取った価値物（モノ）に「価値」があると感じて「交換」に応じるはずである。また、売り手（企業）は買い手（顧客）が「交換」に応じたことに対して「満足」するという構図になる。つまり、企業・顧客ともに「満足」が高まったということになる。そして、このような顧客満足をベースとした企業と顧客の「つながり」が長期的に継続されることが重要となるといえよう。

（2）顧客満足の時代的変化

次に、顧客満足の時代的な変化に目を向けてみたい。1950年～1954年にかけて、日本においては戦後復興の時代が続いた。モノがない時代という一言に尽きる。筆者の祖母がよく話していたが、戦後はたとえお金があったとしても、お金そのものの価値がないため、生きていくには食べなければならず、飢えをしのぐための物々交換で、高価な着物もほんのわずかな芋などと泣く泣く交換したという。モノが入手できるだけで、満足感にはほど遠いかもしれないが、これでしのいでいけると、ほんのわずかの安心感を得ていたのかもしれない。

第2章　ホスピタリティマネジメント〜その心と技術〜

1955年からはいわゆる高度経済成長期を迎える。モノがない時代を経て顧客はモノの供給を求め、そのニーズが大量生産へと進む要因ともなった。中には粗製乱造という風潮もあり、欠陥商品も横行した。一方、日本の優れた技術力も開花し、モノが十分に市場に供給されるようになると、顧客は欠陥商品に対する厳しい指摘に加えて「品質」を重要視するようになっていく。

1965年から日本国内の好況に加え、輸出による黒字も増加し、長期経済成長により国民の生活スタイルも変化していった。

1975年からは日本の優れた技術力は世界をリードし、生産力も向上した。円安もあって貿易黒字は拡大された。

そして、いわゆるバブル経済といわれた1986年からは土地や株が急騰し、ブランドものを購入するために顧客が長い行列を作った。その後、バブル経済が崩壊し、失われた10年、失われた20年ともいわれる時代がやってくる。

顧客は時代の変化に伴い、企業に求めるモノを変化させていった。つまり、モノがない時代には顧客は企業に対してモノの製造と供給を求めた。企業にとって大量生産の時代へと突き進む原動力になったともいえよう。大量生産でモノが十分に供給されるようになれば、顧客は量より質を求めるようになった。企業は要求にみあう高品質のモノを提供しようと転換を図った。量も質も充実してくると、次に顧客はデザインやイメージのような「感性」を求めた。自分自身の感覚的なことなどに興味を持ち始めたのである。

たとえば近年では、「香り」に関連する商品は右肩上がりに売り上げを伸ばしている。わかりやすく柔軟剤を例にしたい。日経新聞電子版（2016年7月5日朝刊）には、「P&Gによると2015年の市場規模は1130億円に達し、前年比で3％程度伸びた。汚れを落とす衣料用洗剤と併用して仕上げをよくする基本機能はもちろん、

67

衣類に香りを付けたいという消費者が増えており、ここ数年は毎年前年を上回ってきた。」とある。

洗濯石けんが入手できない時代は、洗濯をするために石けんが欲しいため、石けんが入手さえできればよかったのだ。簡単に入手できる時代になれば、汚れ落ちがよい洗濯石けんが欲しくなり、より洗濯が綺麗に仕上がる石けんが入手できれば満足したはずである。汚れ落ちがよい石けんが入手できるようになれば、洗濯物がよりソフトに仕上がる柔軟剤が欲しい、良い香りがする柔軟剤が欲しい、より自分の好みに合う柔軟剤が欲しい……と顧客の要求は変化してきた。

肌触りの柔らかさや香りはまさに感覚的なもので、人によって好きな香りも苦手な香りも千差万別。これもまさに「感性」をくすぐるモノの市場規模が拡大した一因であろう。時代的な背景とともに顧客満足も確実に変化するのである。

そして、今や個々の、誰でもない自分自身の、心の満足感や充足感、何かを体験した時の感動などを求める時代に入ってきているといえよう。

（3）顧客満足と事前期待

顧客満足を高めていくためには、顧客が自社のサービスや商品に対して、どのような期待をしているかを把握することも重要である。「事前期待」より、実際にサービスを利用したり、商品を購入して使用した、その「体験値」が上回れば、顧客は満足感を得られることになる。逆に「事前期待」より、実際にサービスを利用したり、商品を購入して使用した「体験値」が下回れば、不満につながってしまう。

例として、格安航空会社（LCC：ローコストキャリア）と既存のフルサービスを提供している航空会社（LC：レガシーキャリア・

FSC：フルサービスキャリア）で比較して考えてみたい。

　格安航空会社を利用する顧客は、ともかく「安さ」で選ぶであろう。飛行機に乗り込む際に空港ターミナルのゲートが利用できなくても、機内での飲み物が有料でも、シートピッチが狭くても、他社よりも「安い」ことで満足する。多少、窮屈な思いをしたとしても「安い」ということで不満には感じないはずである。

　既存のフルサービスを提供している航空会社ではどうであろう。セキュリティチェックを通った後のゲートはあまり遠くないほうがよい、機内食があれば美味しいものがよい、無料wifiが使えるほうがよい、高い料金を支払っているのだからと、グランドスタッフやキャビンアテンダントの対応に対しても要求が厳しくなってくるはずである。

　このように、自社のモノやサービスに対して、お客様はどの程度の期待、どのような期待をしているかを把握し、それを上回るモノやサービスを提供することが、顧客満足を高めるためには必要ということになる。

　ここで、企業の実践事例を紹介したい。

事例⑱

　平成24年度の経済産業省おもてなし経営先進的モデル企業として選出され、函館市とその周辺に17店舗を展開しているハンバーガーショップのラッキーピエロは、地域密着型の顧客満足経営、社員満足経営を実践している。「地産地食」に取り組み、地元産の質の良い・鮮度の高い食材を使用し、注文を受けてから手作りしてハンバーガーをお客様に提供し、各店舗にはそれぞれのこだわりがある。たとえば、1000坪の庭にメリーゴーランドや池があり、アヒルや山羊までいて、まるでテーマパークのような愉しさを体験できる店舗もある。ファストフード店での早く・美味しいハンバーガーが食べたいというお客様の事前期待を超える満足と、さ

らに愉しさ・驚きを体験することができる。また、お客様アンケートを「応援歌」と呼び、業務改善に活用したり、顧客から提案して頂いた新メニューを、企画会議で実際に試食して頂いた上で商品化している。メニューはハンバーガーだけにとどまらず、ラーメン、カレー、カツ丼など、お客様のご要望に応えて100種類を超えるという。ハンバーガーはとてもボリューミィで、そのハンバーガー自体に驚くお客様も多い。そして、お客様がその写真をSNSで紹介し、顧客が顧客を呼ぶ「伝道師」としての役割も果たしている。顧客への差別化にも工夫をこらしている。学生顧客が多い店舗、観光客が多い店舗では通常180円のソフトドリンクMサイズを150円で提供し、自社の他の地域にある店舗と差別化している。他に、ヘビーユーザーであるお客様の差別化をはかるために、顧客の利用金額により「準団員→正団員→スター団員→スーパースター団員」という階級をつけて、ポイント還元率があがるシステムを導入している。スーパースター団員が来店した際には、お名前を呼ぶ挨拶「スーパースター団員の○○さん、いつもありがとうございます!」を実施したり、会社の新年会・新店舗オープンへ招待するなど、固定化されるロイヤルカスタマーを獲得しているのである。王副社長は「ラッキーピエロとお客様との関係性は通常の間柄を超えて、独特のコミュニティを形成しています。」と語っていたが、この関係性こそがお客様とのゆるぎない「つながり」になっているといえる。

　お客様の期待を超えるサービスやモノを提供し、お客様との継続的な関係性を構築すること、共に新しい価値を創り出す(共創価値)こそが顧客満足には必要なのである。

第2章　ホスピタリティマネジメント〜その心と技術〜

4. サービス品質のマネジメント

> サービスの特性である無形性・同時性・異質性・消滅性についてはすでにふれてきたが、それらをふまえた上で、サービス品質を一定の基準に保ち、さらに改善し続けていくためには、サービス品質をマネジメントしていくことが必要である。
>
> （1）サービスの品質
> （2）瞬間瞬間のサービス
> （3）サービス品質の測定
> （4）サービスリカバリー

（1）サービスの品質

　サービスには2つの品質概念があるといえる。モノは購入した後の「結果品質」だけであるが、サービスはサービスを享受した「結果品質」の他に「過程品質」がある。たとえば、レストランに入って食事をする。食事が美味しかったというのは「結果品質」であるが、レストランに入店する、席に案内される、水やメニューが運ばれてきてオーダーする、食事が運ばれてきて食べる、会計をして退店するという、入店から退店までが「過程品質」である。食事がただ単に美味しかったからといって、それと等しく顧客満足が高まるわけではない。

　形のないサービスの提供方法の品質について、ジェームス・L・ヘスケット、W・アール・サッサー・JR、レオナード・A・シュレンジャー『カスタマー・ロイヤルティの経営』p55から抜粋したい。「パラスーラマン、ザイサマル、ベリーの研究によれば、サービスの提供方法のクオリティには、次の五つの側面がある。

71

1　信頼性＝サービス担当者が、約束を守っているか

2　即応性＝タイミングよくサービスが行われたか

3　権威性＝サービス提供の過程で、カスタマーに信用してもらうことができたか

4　共感性＝カスタマーの視点でサービスが行われたか

5　実証性＝サービスが行われたという証拠が残ったか」

「サービスの提供方法のクオリティは、カスタマーの期待するものと実際に提供されたサービス（およびその提供方法）との関係で決まる。そこで、次のようなことがわかる。

1　サービスそのもののクオリティは、絶対的なものではなく、相対的なものである

2　それを決めるのは、カスタマーであって、サービスを提供する企業ではない

3　しかもそれは、カスタマー個々人によってちがう

4　サービスそのもののクオリティを高めるには、カスタマーの期待に応える、あるいはそれを超える、あるいは期待をうまくコントロールする、などの手を打つべきである」

　顧客満足は企業存続には不可欠であり、その顧客満足を高めるためにはサービス品質を高めることが必要である。サービス品質を高めるには、サービス要員の対応如何が大きく影響している。そしてそれは、サービス要員とお客様との相対的な関係性に基づき、お客様個々人によって満足の度合いは異なるということである。そのためには、サービス要員である社員ひとりひとりが、その状況・そのお客様に対して、真摯に向き合い、お客様の期待を超えるサービスを提供し続けていくことが求められる。また、組織としてサービス品質を高めるためのホスピタリティマネジメントの1つの方策として、「プロセス・クオリティ・コントロール」も

重要である。「トータルクオリティコントロール」（TQC）は全社的品質管理、総合的品質管理のことであり、製造部門のみに限らず、全社において、体系化して品質の管理をすることである。一方、「プロセス・クオリティ・コントロール」は、一人のお様と接する様々なサービスの過程において、接客要員が一人だとしても、あるいは様々なセクションの社員が別々に関わるとしても、あらゆるプロセスにおいて、サービス品質が一定化されていなければならないということだ。

「過程品質」を高めるために欠かせないマネジメントである。そして、サービスの過程におけるひとつひとつの顧客接点の品質向上について、次の節で述べていきたい。

（2）瞬間瞬間のサービス

　スウェーデンのスカンジナビア航空を、大幅な赤字経営から短期間で見事にV字回復に導いた経営者：ヤン・カールソンの『真実の瞬間』（moments of truth）は有名である。航空会社のあらゆるスタッフの顧客接点をベストにするという経営手法は、顧客満足を高めるための戦略概念として注目された。航空会社のスタッフがお客様と接する平均時間は約15秒であり、その短い顧客接点における顧客の体験を「真実の瞬間」とした。ヤン・カールソンは全社員に対し、1回1回の顧客との接点場面で起こる「顧客体験」のすべてを、常に、最高のサービス提供ができるよう、顧客接点の15秒間を決定的瞬間として大切にできるような社員の意識改革を推し進めた。この結果、サービスが向上し、顧客満足が高まり、売り上げも回復した。これはまさに、サービス品質向上のためのマネジメントの力である。すなわち、社員ひとりひとりの顧客に対する「ふるまい」、つまり、ホスピタリティが顧客満足に多大なる影響を与えるということに注目し、サービス改善努力を積

み重ねる組織風土を作り上げ、社員の働くモチベーションを高めようとしたマネジメント戦略である。

「真実の瞬間」は、ひとりひとりのお客様が体験するサービス品質を高めることである。それは、ひとつひとつの顧客接点で、ひとりひとりの社員が、「今・ここ」にいるお客様に対して「一期一会」のマインドで、自分のできうる最大限のサービスを提供することに他ならない。企業が組織として運営されている以上、どのような業務に従事する社員であっても、間接部門の社員であっても、「真実の瞬間」を意識し、行動すること、そして、企業はそのためのシステムづくり・環境づくりをするマネジメントが必要なのだ。

　航空会社では、例えば、グランドスタッフは航空会社のサービスの柱の一つでもある「定時性」（安全性・定時性・快適性という航空会社のサービスの柱の中の一つ）を遵守するため、カウンターで大勢のお客様をスムーズに対応し、搭乗ゲートを案内し、飛行機にご搭乗頂く必要がある。短時間の対応であっても、単にお客様をお待たせすることなく、スムーズにご搭乗頂き、飛行機が定時に出発できればよいというものではない。まして、予約部門では現代のようにインターネット上で自分自身で予約ができなかったので、例えば電話オペレーターの手際の良さ、対応の良さ、空港でのグランドスタッフの対応のスピーディさ、搭乗後の客室乗員の対応の丁寧さ、到着後の手荷物の受け取りがスムーズさ……など、それぞれのプロセスで「真実の瞬間」が遂行されていたということである。他にも航空会社には運航乗員部門や整備部門などの様々なセクションがあり、コーディネーション（連携）よく協働しなければ、よりよいサービスは提供できない。

　わかりやすく病院を例にあげて説明したい。

事例⑲

　身体の調子が悪くて、病院に行ったとする。初診であれば、受

け付けでどの科を受診したいか伝え、診察カードやカルテを作成してもらい、その科に移動する。看護師の問診があるかもしれない。医師の診察があって、血液検査やレントゲン写真を撮ることもあるかもしれない。診断結果を医師から聞いた後、薬が処方されるかもしれない。次回の予約が必要になるかもしれない。最後に精算をする。病院で受診するにしても、このように様々なプロセスがあり、様々なセクションの人に関わることとなる。そのようなプロセスの中で、どこかのセクションの人が無愛想だったり、説明が事務的で冷たい感じがしたりすれば、その病院の全体的な印象が悪い印象となってしまう。これは恐ろしいことである。

　1人の患者様にその病院の10人のスタッフが関わったとして、スタッフ1人1点のサービス対応のポイントを患者様に与えるとしよう。1人のスタッフの対応が悪いからといって、10点−1点＝9点というように患者様は感じるだろうか？関わったスタッフの中の1人にでもマイナスの対応があったとすれば、全体的にもマイナス評価となり、不満につながるかもしれないのだ。一部の病院スタッフの悪い印象が、病院の総合評価につながってしまうということである。10点−1点＝0点になってしまうかもしれない。そして悪い評価が拡がっていけば、それはゼロではなくマイナスにもなってしまう危険性さえありえる。つまり、相手に対応する、その瞬間瞬間の対応がどれも大切だということである。

　セクションごとに遂行する業務は異なるとしても、対応スキルの品質はある程度の一定化が求められる。対応品質を管理しなければならないということである。

　病院の研修を実際に担当して感じたこととして、ホスピタリティマインドやホスピタリティスキルをリマインドする研修だけでなく、セクショナリズムを減らすようなシステム（体系）作りも求められる。もちろん、これは病院だけの話ではない。ホテルであれば、

予約、ドアマン、フロントクラーク、コンシェルジュ、ベルスタッフ、ハウスキーピング、ウエイター、ウエイトレス、セールスなど様々なセクションがある。いかなる企業であっても、様々なセクションで成り立っている。自分の所属するセクションのことしかわからない、他は関係ないという意識でなく、どの部門でどのような業務をしているのか、また一人のお客様（個客）に対して、総合的に自社の様々なセクションのスタッフが関わっていること、そして、お客様あっての企業であるということを忘れてはならない。

　お客様の立場に立った時、「自分のために」接客要員が何かをしてくれた、あるいは「自分のためだけに」接客要員が何かをしてくれた、という「特別感」があれば、個客はより満足度を高めていく。機械的に、事務的に、流れ作業の一環として扱われたように感じれば、不満足につながってしまう。接客要員の立場からすれば、「あなたのために（for you）」というお客様への個別対応型のサービスが求められているということである。接客する際にお客様のお名前をお呼びすること、お客様の好み（どういう食べ物や飲み物、どういう服装が好みか、どういうことに興味をお持ちか、お話好きかそうでないか……など）を理解し、スタッフ間で共有化することが、「あなたのための」「あなただけの」個別対応型のサービスになりうる。そのためには「one to one」（一人対一人の）「face to face」（対面した）の対応はもとより「with you」（相手に寄り添う）の発想による対応に進化させる必要もある。

　サービス品質が高く、お客様が満足すれば、お客様はサービスの特性である「消滅性」があったとしても、その時の接客要員の対応はお客様の記憶に残ることになる。サービス自体がその場で消滅してしまったとしても、心のこもったサービスの記憶が余韻として心に残るということである。記憶が余韻として残れば、人はまた同じ体験をしてみたいという気持ちにかられたり、心に残っ

た体験を友人・知人に話したり、現代においてはSNSなどを通して、インターネットで多くの人たちに瞬時に拡散したくなる。広告費というコストをかけずとも、お客様自身が自社のサービスの「伝道師」となってくれるのである。ただし、また逆も然りである。悪いサービスを提供して、怒ったお客様が鬱憤を晴らすために、それをネットで拡散すれば、悪い噂ほど、かなりのスピードで広く世間に拡散されていく。

　形がない分、またお客様によってサービスの良し悪しを感じる度合いが異なる分（サービスの「異質性」）、接客要員はよい意味での緊張感をもって個客対応をすべきなのである。

　顧客が感じるサービスの価値は、支払った価格よりも高い品質のサービスを享受できたか否かにかかっている。

　公式にすると

$$サービス価値 \ = \ \frac{サービス品質}{サービス価格}$$

ということになる。

　サービスの価値を高めるためには、サービスの価格はより安価で顧客にとってお買い得感があり、サービスの品質がより満足のいくものであるようにすることが必要となる。

（3）サービス品質の測定

　サービス品質は企業からの視点と顧客からの視点で意味することが異なってくる。企業視点でみれば、顧客に提供するサービスの水準を意味し、最小の費用で最大の成果が得られることが重要である。顧客視点でみれば、自分が享受したサービスがどの程度

期待にあっているか、また期待を上回っているかが基準となる。

　サービス品質が高まれば、顧客満足度は高まり、ロイヤリティも高まるので、企業と顧客の関係性構築はもとより、企業利益にも影響を与える。しかしながら、サービス品質は「知覚」によって異なってしまう。サービスの特性である「異質性」である。企業としても、接客要員によってはサービス品質が異なるため、常に一定のサービスを提供していくことも難しい。たとえば、企業サイドで自社のサービス品質を調査するにはどのような方法があるだろうか。

　いくつか代表的な調査方法をあげたい。

①アンケート調査

　顧客のサービス経験・要望などを質問紙によって調査する。代表的ともいえる調査方法である。紙媒体への回答、電話での聞き取り、メールでの回答などがある。自社のサービス品質や顧客満足、市場の動向の情報を得られ、サービス改善の参考にできる。

②ミステリーショッパー法

　ミステリーショッパー（覆面調査員）が顧客として、非告知でサービスの実施状況を実際に体験し、物理的環境や、サービスのプロセス、社員の反応・行動まで観察する。報告書から物理的環境や社員のサービスについて情報収集でき、環境改善、社員の評価・研修などの参考にできる。

③社員の報告書

　社員による報告書から、現時点でのサービス状況、顧客からのクレーム・サービスリカバリーなどの情報を収集する。サービスの現状と問題点を把握し、より具体的な改善案を導き出すヒントを得られる。

　アンケート調査は一般的であり、広く実施されているもので

あるが、留意すべき点もある。アンケートを実施し、データ化し、社員と共有化するには時間と労力を要する。したがって共有化した時点で、ある意味の達成感を感じてしまい、その先まで深掘りしないケースも起こりえる。

　共有化した後は、現状を把握し、問題点を洗い出し、改善策を導き出し、それを現場で実行しなければ、アンケートをとるだけでは意味をなさなくなる。自己満足のためのアンケートではない。あくまでも目的はサービス改善、さらなる顧客満足の提供のはずである。それを忘れてはならない。

　サービス品質のマネジメントに関連し、最近、サービスの標準化について新たな動きが出てきた。平成29年に至り、経済産業省は、あらゆる産業がサービス化する流れを踏まえ、日本工業規格（JIS）の対象範囲を、これまでの鉱工業品関連からサービス産業分野に拡大する方向で検討に着手し始めている。法律の名称も約70年ぶりに、工業化標準法から産業化標準法（案）に変更する考えのようである。

　サービス産業の業種・業態の多様化・多角化が進む中にあって、無形性・同時性・異質性（非均一性）・消滅性・プロセス重視という特性を持つサービスについて、その標準化をどのように進めていくのか、今後の動向が注目される。

　いずれにせよ、サービス品質のマネジメントにおいては、人的資源のマネジメントと、それを組織的に運用していくマネジメントシステムの構築が重要であることを、あらためて強調しておきたい。

（4）サービスリカバリー

　サービスリカバリーとは顧客がなんらかの不満を感じたり、クレームを伝えてきた時に、不満解消のための対処をすることである。企業へのお客様からの信頼回復ができるか否かがかかってい

る。このリカバリーができなければ、顧客は離れていってしまう
どころか、自分の不満な体験談を知人・友人に話したり、インター
ネット上で書き込みをして、企業はそのイメージを大きく損ない、
大幅な利益ダウンにつながることもありえる。昨今では、昔より
クレームを言う顧客も増加している傾向もある。

　旅行業に従事しているある管理職の方は、部下の管理より、お
客様のクレーム管理にとられる時間が多いと嘆いていたが、同様
の印象をもたれている方も多いかと推測している。

　不満のあるお客様からお叱りを受けることは、クレームを受け
た担当者にとっても心的負荷がかかるものである。しかしながら、
クレームを伝えてもらうことで、何に対して不満だったのか、何
に対して怒りを感じているのかを知ることは、今後の対応の改善
にもつながっていく。気をつけるべきは、不満があっても無表情・
無反応で、なんら不満も伝えないまま、二度とその企業のサービ
スを利用しなくなる、モノを買わなくなるお客様である。サイレン
トクレーマーともいう。クレームを言っても無駄だと感じればお客
様は、あえて何も言わないであろうし、クレームを言うこと自体
が面倒だと考えるお客様も多いのである。

　アメリカのeサティスファイド.コム社の調査結果によると「不
満をもった顧客の96％は、企業に対して何も言わない」という。
たとえ不満を感じていたとしても、25人に1人しかクレームを言わ
ないということになる。1人クレームを言ってきた顧客の背後には、
24人の同様の不満を抱えている顧客がいるかもしれない。

　接客要員が直接的にお客様と対応している時には、お客様の言
葉だけではなく、お客様の表情にも意識を向け、何か不満はない
か、納得しているかと心を配る必要がある。組織としては、社員
に対してクレーム対応の重要性を意識づけしていく必要がある。

第2章　ホスピタリティマネジメント〜その心と技術〜

　事例として、友人が不快な体験をして、お客様アンケートにクレームを書いた時のことを紹介したい。

事例⑳

　仕事で東京に出張し、1泊するのに某ビジネスホテルに宿泊した。仕事も終わって、チェックインを済ませ、部屋に入ってシャワーを浴び、ほっとしていた時のこと。ドアの鍵穴に鍵を差し込む音がしたので、酔っ払った人が部屋を間違っているのだろうと思った。ところが、ドアが開けられた。チェーンをかけていたが、その隙間に手が差し込まれて、チェーンをはずそうとしたので、「この部屋は使っています。」と声をあげるとドアは閉まった。驚きというより、恐怖にかられてフロントに電話をしたところ、「少々お待ちください。」と保留メロディが流れ、「申し訳ありません。お客様の部屋の鍵を間違って他のお客様に渡してしまいました。」と言われた。謝罪の声はとても事務的に聞こえたそうだ。「気持ちが悪いので、空室があればお部屋を換えて貰えませんか？」と、冷静にお願いしたところ、「少々お待ちください。」と再度保留メロディが流れ、「では違う部屋にご案内します。ただいま、係の者が伺います。」と言われた。部屋着から着替えて、係の人を待って別の部屋に移動したが、さほど多くの荷物はないとはいえ、ビジネスバッグとボストンバッグを持っていたのに、「お持ちします。」の声がけもなかった。さらに電話では謝罪したとはいえ、お客様に対面して、改めて謝罪の言葉がなかった。対応に憤慨した友人は、移動した部屋のお客様用アンケートのはがきに、事の詳細を記入して郵送したという。ところが、一切の連絡がなかった。サービスリカバリーは皆無だったのだ。この最低最悪な対応に怒りが収まりきらない友人は、ことの経緯を筆者に話してくれたが、その友人はこのビジネスホテルを二度と利用することはなく、この対応を聞いた筆者自身も、友人同様にこのホテルを利用しなくなった

81

ことは、言うまでもない。

　クレームを言う顧客側にもエネルギーが必要である。したがって、面倒だと思ってクレームを言わない顧客も多いのだ。クレームを言って、その後のサービスリカバリーが悪ければ、最初にサービス提供された時の不快な感情よりも、さらに不快感は増幅するのである。リカバリーができないのであれば、お客様用アンケートは無用の長物に他ならない。

　次の事例として、接客要員の立場における筆者の体験を2つ紹介したい。1つめはサービスリカバリーができた成功例と2つ目は失敗例である。

事例㉑

　香港から成田への機内での出来事である。筆者がサービスを担当したお客様の中に、耳が不自由な外国人の女性がいらした。事前情報として、コミュニケーションをとる際には筆談にしてほしいリクエストがされており、ご搭乗後にお客様がお座りになって、タイミングを見計らってご挨拶に伺い、早速、筆談でコミュニケーションをとった。機内サービスも順調に進み、お食事のトレイを下げる際に私の不手際があった。揺れるかもしれないので、早めにトレイを下げるようにと上司から指示があったのも確かだが、お客様ひとりひとりにお声がけしてからトレイを下げていて、その耳の不自由なお客様に対して、筆談するまでもないと自分で判断してしまったのだ。アイコンタクトをすれば問題なかったと思われるが、トレイを下げようとしたタイミングで、プラスチックカップにオレンジジュースがわずかに残っていたため、お客様がそれを取ろうとしてトレイにぶつかってしまった。そのお客様は靴を脱いで座っていたので、運の悪いことに、そのオレンジジュースが靴の中にこぼれてしまったのである。すぐに謝罪し、新しいおしぼりをお持ちして、靴を拭いた後、ティッシュもお持ちして、靴

に詰めて湿気を取った。お客様は怒ってはいらっしゃらなかったが、初めての日本旅行だと筆談で伺っていたこともあり、日本に向かう飛行機の中で靴にオレンジジュースをこぼされては、さぞかし不快な気分になったに違いない。自分の不手際で、初めての日本旅行がこのようなスタートになっては申し訳ないと感じた。そこで私は、機内搭載されている便せんに、自分の素直な気持ちを書きしたためてお客様にお渡しした。目を通されたお客様はにっこり笑ったので、私は少し安心したのを覚えている。そのお客様は通路側の座席に座っていたが、到着も近くなった頃、通路を通った私の腕をつかみ、小さな箱を私の手に握らせ、メモを見せてくださった。そこには「私はあなたを決して忘れない。あなたも私を忘れないで。」と英語で書かれてあった。箱を開けるようにと促すジェスチャーをなさったので、箱を開けると、そこには貝殻で"福"と彫られたペンダントヘッドが入っていた。受け取れません……というジェスチャーをしたところ、それを再度、私の手に握らせてくださった。自分の不手際でお客様に不快な想いをさせてしまったにもかかわらず、お客様からサプライズ的なプレゼントを頂戴したのだ。このお客様は降機される時、ドアサイドに立つ私の手をしっかりと握ってから手を挙げ、満面の笑顔で降りていかれた。

　たとえミスをしたとしても、その後の対応でリカバリーができ、また、それが双方の思い出になるような出来事にもなりうるということを、実体験できたのである。

　次に失敗例を紹介したい。

事例㉒

　それは、ホノルルから成田までの機内のことで、全席エコノミークラスで満席のフライトだった。お食事のサービスも終わってセールス（機内販売）が開始され、飛行機の前列から後方に向かって

私はカートについていた。路線や人気のある商品によっては、売り切れてしまうケースも複数回経験していたのだが、後方座席に座っていらっしゃるお客様の購入希望するウイスキーが売り切れてしまっていた。他に在庫がないか確認したが、あいにく在庫もなくお客様に謝罪したが、そのお客様は納得してくださらなかった。自分の意にそぐわず後方の座席に座ってしまったそうで、お目当てのウイスキーも購入できないとなり、お客様の怒りは収まることがなかった。私の中で申し訳ないという想いと「そう言われても、売り切れてしまっているのでどうしようもないのに……」という想いもあった。お客様はご自分の発する声にますます怒りを増長させ、「上の人を呼んで！」とおっしゃったので、上司にバトンタッチすることにした。お客様の怒りが収まらないため、上司は一番後ろの乗務員席にお客様をお連れして、そこに座って頂いた後、かなり長い間、お客様のお話を聞いていた。後から私は上司に「感情的になりやすいお客様の対応には気をつけるように」と注意を受けた。

　今になって思えば、ご希望の席に座れなかったという気持ちに共感し、お客様のご希望の商品がなければ、代案として違う商品をお勧めするなどのアプローチもできたはずであり、感情的になるお客様に対しての私の苦手意識を、相手は敏感に感じ取ったのだろうと推察している。お客様の怒りを鎮めることができなかったために、周りにいらしたお客様にも不快な思いをさせてしまったことは、苦々しい思い出として記憶に残っている。

　ここで、クレームがあった際、あるいはクレームがなくてもお客様に不手際や不快な思いをさせてしまった場合の、サービスリカバリーの方策について順を追って説明していきたい。

　当然のことながらまずはお詫びをすることである。この時、注

意しなくてはならないことは、自分で直接的にお客様に対してミスをしたのではなく、他のサービス要員の対応などでお客様がクレームを言ってくるようなケースである。同じ組織のメンバーなので、自分がしたことのように、申し訳ないという気持ちを表さなければならない。お客様が現に、不快な体験・想いをし、クレームを言っているので、心から「不快にさせてしまったこと」に対して謝罪をする。

　次にしっかりとお客様の言い分に耳を傾ける。どういうことが起こったのか、どういう状況だったのか、お客様は何に対して不満や怒りなどのネガティブな感情を抱いていらっしゃるのかを聞き取る。あいづちを入れながら、時には質問をしながら、お客様の立場にたって、共感しながら聞くように努力する。この「共感」がキーワードともなる。接客要員の立場としてお話を伺ったとしても、もし自分がお客様だったらどうなのだろうと、お客様の立場に立ってお客様の気持ちを察する。お客様のおっしゃることを、要約することや、ネガティブな感情を的確な言葉に変換してレスポンスすることも、時には効果的となる。

　そして、具体的なクレームへの対応策の提案である。

　権限委譲されているのであれば、自分で判断し、そうでなければ上司に相談し、指示を受ける必要が出てくる。そこで重要なことは、どうリカバリーするかの最終的決定権はお客様にゆだねるということである。たとえば、飲食店で購入したモノに異物混入があったとする。返金しますと代金を返金する、新しいモノとお取り替えしますと新しいモノをお持ちするなど、方策はあるはずだが、謝罪し、お話を伺った後に「返金致しましょうか？新しいモノをお持ちしましょうか？」というように、お客様に決定して頂くという意味である。あるいは「○○のように対応させて頂きたいと思いますがよろしいでしょうか？」のようにお伺いを立てると

いう意味である。一方的に「申し訳ありませんでした、それでは代金をお返しします。」では、お客様の不満は収まりきらない。

　お客様が納得してくださったならば、その方策を直ちに実行し、再度謝罪する。場合によっては、その後のフォローアップが必要になることもありえる。また、クレームがあって、リカバリーを実行したのならば、必ずそれを他の社員と共有化することが重要である。再度、お客様から何かコンタクトがあるかもしれないし、共有化したクレーム事例からクレームの傾向や改善すべき点を見いだすことができる。そういった情報はデータ化し、分析し、クレームにつながる原因と、クレームをなくす改善策を検討できるということである。現時点でのクレームは、未来のホスピタリティの質の向上につながっていくのだ。

引用・参考文献など

・「エンプロイアビリティの判断基準等に関する調査研究　報告書について」
　厚生労働省
　http://www.mhlw.go.jp/houdou/0107/h0712-2.html

・「グローバル人材の育成について」文部科学省
　http://www.mext.go.jp/b_menu/shingi/chukyo/chukyo3/047/siryo/__icsFiles/
　afieldfile/2012/02/14/1316067_01.pdf

・植村勝彦・松本青也・藤井正志『コミュニケーション学入門』
　ナカニシヤ出版　2000年

・友田不二男『非指示的療法』
　財団法人日本カウンセリング・センター　1970年

・太田肇『承認欲求』東洋経済新報社　2007年

・末田清子・福田浩子『コミュニケーション学』松柏社　2003年

・フランセス・フレイ　アン・モリス著　池村千秋訳
　『ハーバード・ビジネス・スクールが教える顧客サービス戦略』
　日経BP社　2013年

・R.P.フィスク／S.J.グローブ／J.ジョン著　小川孔輔・戸谷桂子監訳
　『サービスマーケティング入門』財団法人法政大学出版局　2005年

・前田勇・佐々木土師二監修、小口考司編集『観光の社会心理学』
　北大路書房　2006年

・前田勇『観光とサービスの心理学』学文社　1995年

・嶋口充輝『顧客満足型マーケティングの構図』株式会社有斐閣　1994年

・財団法人日本規格協会　平成22年度標準化調査研究室　調査報告書
　「サービス産業の標準化ーサービス産業の活性化のための
　標準化活動と今後の方向性」
　https://www.jsa.or.jp/datas/media/10000/md_2033.pdf

・経済産業省「あらたな基準認証の在り方について」
　http://www.meti.go.jp/committee/sankoushin/sangyougijutsu/kijun_ninsho/pdf/002_02_00.pdf

- ジェームス・L・ヘスケット　W・アール・サッサー・JR
  レオナード・A・シュレシンジャー　島田陽介訳
  『カスタマー・ロイヤルティの経営』日本経済新聞社　1998年
- 小山周三『サービス経営戦略』NTT出版株式会社　2005年
- Jan Carlzon『MOMENTS OF TRUTH』First Perennial Libraly　1989
- 服部勝人著『ホスピタリティ・マネジメント入門第2版』
  丸善株式会社　2008年

第 3 章

イレギュラリティへの対応
〜その心と技術〜

クレイム（Claim：不満）やコンプレイン（Complaint：不平）
が発生した時、顧客満足追求の観点から、具体的にどのように対
応すべきかについては、第2章のサービスリカバリーでふれた。

本章では、イレギュラリティ（Irregularity：不測の事態）への
対応如何によっては、顧客のクレイムやコンプレインを引き起こ
す可能性が大きいと想定し、不測の事態に対する事前予防措置お
よび発生時対応について、広く危機管理の視点に立って、検討を
加えていくこととしたい。

1. イレギュラリティと顧客満足の追求

> イレギュラリティ発生時の対応の仕方如何によって、顧客
> との新たな信頼関係を築く絶好のチャンスにもなりうる。
>
> （1）すばやく、ひたむきな対応で、ピンチをチャンスに
> （2）ゲストの安全・安心を最優先したOLCの対応

（1）すばやく、ひたむきな対応で、ピンチをチャンスに

およそ会社業務はイレギュラリティ処理の連続といっても過言
ではない。不測の事態などめったに起きることがないから、その
時に対応を考えればよいというものでは決してない。昨今、企業
の危機管理能力は企業の社会的責任として厳しく問われるのが現
実であり、これが欠落すると世間から「あんな会社なんかもうい
らない」と非難され、その企業の社会的市民権は大きく揺らぐこ
とになり、最悪の場合、企業の社会的生存権の喪失にもつながり
かねない。

一方において、実際の業務遂行にあたっては、イレギュラリティ
への個々の対応如何によって、その社員の、その会社の本当の実

第3章　イレギュラリティへの対応〜その心と技術〜

力がわかる。

　逆に言うと、イレギュラリティ発生時こそ、社員としての、また会社としての本当の実力を発揮する（Display）絶好のチャンスになる。イレギュラリティに対し、後ずさりすることなく、むしろその困難に果敢に立ち向かっていく姿勢が大切なのである。ピンチの時に人は光輝くといわれる所以である。

　第2章でもふれたとおり、顧客満足は、顧客が商品やサービスの提供を受ける前に抱く「事前期待」と、実際にその商品やサービスを利用した時に感じる「利用結果」（実績評価）との相対関係で決まる。

　要するに、購入前の暗黙の期待と使用した結果の差で決定されるということである。例えば、結果が、顧客の事前期待を大きく越えていると大変満足となり、ある程度越えていると満足となる。事前期待通りであったとすれば、普通となるが、事前期待を満たさないと顧客は不満足となり、事前期待を大きく下回ると大変不満ということで激怒することになりかねない。

　顧客満足の追求というと、満足あるいは大変満足を追求するということで、プラス面をさらに増幅することに目が移りがちになるが、もう一つの側面、不満ないし大変不満というマイナス面を最小化することも重要な課題なのである。イレギュラリティへの対応は、まさに後者のマイナス面の最小化にあたるものとして、危機管理の原点に立ち返って、その原理・原則を身につけておく必要がある。

（2）ゲストの安全・安心を最優先したOLCの対応
事例㉓

　2011年3月11日の東日本大震災発生時における東京ディズニー

リゾートの対応についてご紹介しておきたい。(OCLグループ CSR Key Topics 2011 より一部抜粋)

「発生時には、(東京ディズニーリゾート)両パーク合わせて約7万人のゲストが来園していましたが、ゲストおよび社員への人的被害もありませんでした。」「東京ディズニーリゾートでは、日頃の防災訓練に基づく初動対応に加え『冬の午後6時、震度6強、ゲスト10万人』を想定した『地震対策基本計画』および対応マニュアルを作成しており、東日本大地震発生時においても、これらに則り、『地震対策統括本部』を設置、効果的に機能したことにより、大きな混乱はありませんでした」と総括。さらに時系列的にそれぞれの現場において執られた具体的な対応措置が紹介されている。「マニュアルに従い、キャストによるゲストへの声がけ」「園内放送の実施」「ゲストの屋外への避難誘導」「けが人の確認」「防護頭巾の代わりにぬいぐるみの貸し出し」「屋内避難建物の安全点検開始」「ゲストへの雨具(お土産を入れる袋や包材、ブルーシート、ごみ袋)の配布」「地震の概要、公共交通機関の運行停止に関する園内放送の実施(30分おき)」「周辺道路のインフォメーションおよび帰宅支援マップの配布」「園内で販売している菓子類、非常時用のアルミブランケットの配布」「帰宅困難なゲストに、備蓄していた非常食『大豆ひじきご飯』と『五目ご飯』等の配布」「朝食(パン、暖かいスープ、園内で販売しているギョウザドック、飲み物など)の配布」「パークから浦安駅へ臨時バスの運行開始」等々である。

いずれも、ゲストの安全・安心を最優先したこれらのイレギュラリティへの対応は、多くの人々に感動・感銘を与えただけではなく、企業の危機管理はかくあるべしとして、多くの企業に多大な影響を与えたことは想像に難くない。

2. 現場指揮官の危機管理、その具体的事例の紹介

イレギュラリティに直面した際、現場の指揮官はどう対応したか、予兆から発生時対応に移行した事例と、いきなり発生時対応からスタートした事例を、それぞれの心象風景を語りながら、できるだけ分かり易く紹介していきたい。

(1) インドネシア政変時の対応（1998年5月）
　　―予兆アリ、事前予防措置から発生時対応に移行したケース―
(2) 9・11同時多発テロへの対応（2001年9月）
　　―予兆ナシ、いきなり発生時対応からスタートしたケース―

　世の中、まさに「マサカの時代」。常に「ヒョッとしたら」と身構える姿勢の保持が求められるご時勢となっている。2001年9月の同時多発テロ、2013年3月の東日本大震災、2016年4月の熊本地震、2016年から2017年にかけて、各地で発生した豪雨災害、更には、昨今の北朝鮮の弾道ミサイル発射実戦訓練など不測の事態は枚挙にいとまがない。

　そこで、本節では筆者の経験に基づく危機管理の実態的な事例2題をまずご紹介し、そこから学び取ったイレギュラリティへの対応に関する行動指針を次節で取りまとめることと致したい。

　なお、ここでいう危機管理の「危機」とは、企業の活動（商行為）以外の異常な要因で企業の意に反してこうむる損害をいう、と定義づけておく。また、「企業の危機管理」とは、危機が発生しないように予防し、一旦、危機が発生した段階ではその被害を最小にとどめる努力をすること、とする。要すれば、企業の危機管

理とは「事前対応」（事前予防措置）と「発生時対応」（被害の最小化）ということになる。一般に危機管理というと、事前の予防措置と再発防止策と整理される傾向があるが、より的確な再発防止策を取りまとめるには、その時どんな対応をしたのかという発生時対応の記録・分析・問題点抽出こそ重要なのである。

（1）インドネシア政変時の危機管理（1998年5月）
―事前予防措置から発生時対応に移行したケース―

①事案の概要

　1998年5月、インドネシア国内の政情不安により放火・略奪等の暴動が国内全土に急拡大し、治安情勢が極度に悪化する中で展開された史上最大級の日本人脱出作戦。（5月17日から4，5日で約9,000人が脱出。）その背景・経緯は大略以下の通りである。

　ことの背景の第一は、何といっても1997年5月のタイ・バーツの暴落に端を発するアジア通貨危機である。1997年の秋以降、インドネシアの現地通貨ルピアも大暴落し物価は暴騰、日常の市民生活にも極めて深刻な影響を及ぼすことになった。第二は、当時のスハルト大統領の35年にわたる超長期政権の歪みと軋み。政権の腐敗・癒着・縁故という特異体質に対する市民の不満・反発は徐々に臨界点に向かいつつあった。第三は、富裕層と貧困層の極端な二極分化。有名デパートでブランド品を買いあさる富裕層に対し、一歩外に出れば街中、物乞いやストリートチルドレンが出没するなど貧富の差は歴然としていた。第四は、華人系住民に対する過敏な反応。この国の華人系の人口構成比は3％程度であったが、それがこの国の経済の7～8割を押さえていたという。一旦何か混乱が起きれば、まず華人系の店が略奪・放火・投石で襲われる。このような「民乱」は地方都市を中心に多発していた。こ

のような状況を踏まえ、外務省から1998年1月、今後、一部地域において何らかの混乱が生じる可能性も排除できないとして、1月30日危険度1「注意喚起」が発出された。

1998年5月には、メダン（北スマトラ州）で略奪・放火事件発生。治安部隊の発砲で少なくとも死者6名、負傷者80名。各都市で学生・市民のデモと治安当局が衝突。5月12日、首都ジャカルタのトリサクティ大学で学生と治安部隊が衝突。学生6名死亡。全国各地で数万人の学生がデモに参加。追悼集会の後、事態は急速に暴動に発展、14日には暴動は全土に拡大。暴徒による略奪・放火が相次ぎ、ジャカルタの日本人学校の児童・生徒は軍の交通規制により帰宅できず全員学校に引き返し翌朝まで待機するという異常事態が発生。

この日、外務省から危険度2「観光旅行延期勧告」が発出され、15日には危険度3「渡航延期勧告」と矢継ぎ早に発出された。

17日にはムハマディアというイスラム団体が20日に国民覚醒の日として100万人規模のデモを計画。この日、危険度4「家族等退避勧告」が発出され、事態は急速に悪化の一途を辿ることになり在留邦人はJAL市内支店、空港に殺到し始めた。当時、ジャカルタ＝日本間には定期便としてJAL、JAA、ANAがそれぞれ毎日1便を運航していたが、事態の急変に伴い、両社は臨時便として18日はJAL3便、ANA2便、19日はJAL5便、ANA3便、20日にはJAL2便、ANA1便を運航。20日の早朝に至り、ムハマディアは治安当局との衝突を回避するため急遽、100万人でデモの中止を発表、事態は一転、収束に向かうこととなった。この3日間だけでも、JAL・JAAは定期便6便・臨時便10便計16便を運航し、在留邦人4,179人を無事、日本にお送りすることができた。当時の川上大使のご著書によれば、17日から4、5日で、ざっと9,000名が脱出。1989年6月の天安門事件の邦人脱出者は5,000人といわれて

いる。それに比べても、今回は日本外交始まって以来の最大規模の大脱出作戦だったといえるのではなかろうかと回顧されている。

②事前準備

　事前予防措置（発生時対応の準備）としてどんなことを行ってきたか。主なものを列挙すると、緊急事態対策マニュアルの作成（2月）、ジャカルタ支店内に情報収集特別班の設置（2月）、本社・現地支店の体制の確立、常に身構える姿勢の保持（対策や準備を錆びさせない工夫）、情報源のすそ野を広げておく、迷ったら伝えよ（一定の前提を置いて）、情報収集はGive & Takeで、現地大使館・領事館・日本人会等との情報交換・連携強化等々があげられる。

対策マニュアルの基本形の策定

　航空会社として、航空機事故や爆弾予告などの対策マニュアルはすでに整備されてはいたが、政情不安による緊急事態下での安全運航体制の確保と社員の安全確保という課題が同時に展開することを想定した支店マニュアルは存在せず、これまでの社内に蓄積されていた各種マニュアル等を参照・活用しながら、その国の政治・経済・社会の実態に即したものを新たに創作していく必要があった。

　主たる項目として、情報収集体制の確立、空港における運航体制の確保、社員の安全の確保、会社資産・施設の保全、現地社員の労務管理等を掲げ、それぞれの項目ごとに、実施すべき事項をコンパクトに集約。2月25日付けで、A4判2枚以内に取りまとめ、これを以って現地支店の緊急事態対策マニュアルの基本形とした。中でも、危険度5「退避勧告」が発出された場合、現地支店の社員や会社資産・施設の管理を誰に、どのように任せるかな

第3章　イレギュラリティへの対応〜その心と技術〜

どは、今回初めて検討する項目であった。

情報収集特別班の設置

　1月30日の危険度1「注意喚起」が発出されたのち、直ちに支店としての危機管理体制の構築に着手した。その第一弾として、2月2日には支店内に「情報収集特別班」を立ち上げた。

　これは、現地の生の最新情報を毎日取りまとめ、本社の関係部門に迅速に伝達することを主たる任務としている。毎日の午前中には現地社員を含む担当者からブリーフィングを受け、これはと思われる情報を、適宜取捨選択し、その日の午後一番には本社ほか関係先に送付するというものである。本社側にとっては、日本の夕刊で知る前に、生の最新情報を現地支店から入手できるほか、送付される関連記事・情報については、支店としてのコメントを付すこととしており、「情報の持つ意味や認識（Intelligence）を交換する」という点で、現地と本社間の情報の読み方・受け止め方についての温度差解消にも大いに貢献することとなった。

本社・支店間の体制の確立

　本社・支店間のあるべき組織・機能については、各企業の業種・業態や危機管理の対象・課題によって異なってしかるべきではあるが、危機発生時に本社の意思が直ちに決定できる体制を確立しておくことや、現地支店において危機管理に携わる担当者を指名し、常時本社と連絡できる体制を整えておくことは、基本中の基本といえる。

　特に、現地・本社間の情報連絡体制については、本社側の窓口を一元化しておき、そこを基点に本社内の必要な部門に情報を迅速に伝達する体制をつくる、更には本社内に24時間いつでも対応可能な受け皿機能を有する部門を特定しておくことなどは、緊急

97

事態に直面している現場への後方支援体制として、特に望まれるところである。

常に身構える姿勢の保持（対策や準備を錆びさせない工夫）

「対策を錆びさせない工夫」としては、毎月の「今月の言葉」（支店長発のStatement）で緊急事態対策の準備状況や追加・修正・確認事項をA4判1枚にまとめ、日英版に仕立て上げ各部門に伝達するほか、毎週の管理職ミーティングや毎日職場ごとに行われるBriefing（事前ミーティング）・De-briefing（事後ミーティング）の場で周知徹底を図ることにしていた。特に、緊急事態対策マニュアルについては、月に1回、各職場ごとに当番社員を決め、自分の所属する職場に関係する条項をみんなの前で5分以内で読み上げさせ、最後に、どこに保管しているかを指さし確認することにした。このリマインドの方法は、かつてソウル時代に総合商社N社の支店長から教わった話をヒントにしたものである。

1990年ころの韓国は、いつ北韓（北朝鮮）が攻めてくるかわからないとして、毎月一回、仮想の訓練（民防）としての警戒警報が発令され、一般市民はその場で一時身をひそめることとなっていた。これにならい、同社では月に一回、非常用懐中電灯の電池を支店長自らがスタッフひとりひとりに手渡すこととしていた。前月の電池はまだ生きていても、自宅にある非常用救急袋の中の懐中電灯の電池を入れ替えさせることにより、家族の方とともに「救急袋はあそこにある」と再確認させていた。これなどは対策や準備を錆びさせない工夫という意味において、実に素晴らしいアイディアであった。

情報源のすそ野を広げておく

情報収集を多面的に行うため、情報収集特別班（前掲）の収集

チャネル以外に、普段から地元におけるインフォーマルな人的情報チャネルを作っておくことも必要である。

当時、日系社会では日本人会有志による「幻の酒を楽しむ会」や在留邦人の方々を中心とした「みちのく会」「おきなわ会」「どさんこ会」などの親睦会もよく行われていた。これらは、もともと親睦が目的の集まりであるが、時には、広く情報交換の「頼母子講」（情報のGive & Takeの場）としての機能を発揮することになり、いざという時にもいろいろな形で貴重な情報を得ることができた。情報のGive & Takeの意味は、相手から一方的に情報を聞き出そうとするのではなく、「当社ではこうやっているんですが、御社ではどうですか」というアプローチで、お互いにフェアな情報交換をする中で、情報収集を行うことが信義則上、必要となるということである。

また、情報収集にあたっては、日系社会だけではなく、地元企業の友人・知人との信頼関係を普段から築き上げておくことも、情報源のすそ野を広げておくという意味では重要となる。

地元企業の華人系の社長とは、よく食事しながら情報交換を行う場面があったが、2月に地方での「民乱」が多発した際は、さすがの社長も、いずれジャカルタにも争乱の波が押し寄せてくると察知してか、その戦々恐々とした語り口からは、事態の深刻さを十分うかがい知ることができた。

迷ったら伝えよ

「迷ったら伝えよ」という指示は、筆者自身のかつての失敗談から編み出した手法であるが、伝達すべきか否か迷うということ自体、心のどこかに伝達の必要性を感じているということであるので、そこは一定の前提を置いて伝えるよう普段から強調していた。かつての失敗談とは何かというと、1973年、第一次オイルショッ

クがいずれこの秋口に日本にも上陸するかもしれないという話を、その年の5月ごろの生産性本部の営業幹部セミナーで、とある講師が語っていたが、自分はよく理解できなかったので、セミナー終了後の上司への報告書から、その部分を外してしまったという苦い経験があった。一方、1989年の5月下旬、香港に駐在していた時の話であるが、C社の友人が食事中に「どうも北京の様子がおかしい。米国のあの有名なベクテル社が支店を一時閉鎖して支店長以下が香港のSホテルに引き上げてきているようだ。近々北京で何か起きるかも。」と話してくれた。この情報は「自分にはよくわからないが」という前提付きで早速、上司に報告したところ、なんと、天安門事件のニュースが飛び込んできたのは、それから一週間後の6月04日であった。

③発生時対応

　ここで重要なことは、時々刻々変化する情勢の変化を見極めることと、実際の判断を臨機応変に行うことである。特に、臨機応変な判断を行う際は、「平場」（平常時）の一般原則論的な判断基準から離れて、「荒れ場」における状況の特殊性に着目し、その特殊な状況、特殊な実態に即した解釈・判断を行うことが重要である。「荒れ場」では、このような「例外管理」（Managing Exception）の発想を取り入れる勇気も必要となる。

　一般に、臨時便の設定については支店における状況を踏まえたうえで、本社がその設定本数やスケジュールを決定するのが本則となっているが、今回のインドネシア政変にかかわる臨時便の設定については、時々刻々変化してやまない現地の厳しい状況に鑑み、出発拠点であるジャカルタ支店の判断を優先する旨、本社側と確認していた。臨時便の予約状況の動向などは現地支店が一番よく知っているからである。これが現地事情の実態に即した対応

として絶妙なオペレーションを展開することとなった。これなどは例外管理の典型的な事例であったと思う。この結果、5月17日から19日の計16便の定期便・臨時便については、予約管理上満席にした便は一便もなく、結果としては、無用なパニック現象をきたすことなく、絶妙な運用を行うことができた。

なお、5月14日に本社内に設置された「インドネシア緊急事態対策本部」において、「状況次第では他の国際線の定期便を切ってでも機材をインドネシア発の臨時便に回す姿勢で臨むべし」との大変心強い本部長指示も出されていたことも、「荒れ場」の判断の一つとして付言しておきたい。この指示は、一連の事態が収拾した後に聞き及んだことではあったが、現場の指揮官としてこれほど感動を覚えたことはない。

「荒れ場」の判断について更に2点ほどご紹介しておきたい。

その一つは、航空券なしでのご搭乗を臨機応変に行ったことである。

ジャカルタ市内の治安が悪化の一途を辿る中、現地の銀行は閉鎖。一時は日系の銀行も閉鎖となり、事前に航空券を買いに行きたくても買えないという事態に立ち至った。以下はT建設の所長との電話のやり取りである。「19名の駐在員家族を、今、全員所長室に待機させている。予約は既に確保済みであるが、銀行も閉鎖、航空券を買いに行く時間的余裕もない。何とかならないか。」「では、至急FAXでパスポート上の全員のお名前を当方宛に送信してください。」「どうするのか」「とにかく空港に行っていただき、一か所に集まって待機していてください。そこで搭乗券を人数分お渡しするように手配しますから。」「そんなことできるのか。」「やります。」

また、航空券なしの個人旅客への対応についても、一時本社と

の間で、もし料金の取り漏れが発生したらどうするのかとの議論はあったが、事態はまさに緊急事態のど真ん中にあり、万が一取り漏れが生じたとしても、そこは販促・宣伝費と考えればよいではないかという支店側の考え方に理解を得るところとなった。実際、取り漏れは一件もなく、政情安定後、ジャカルタに戻られたお客様からは、「一時はどうなるかと思いましたが、無事戻って参りました。その節は大変お世話になりました」との丁重なお礼のご挨拶を頂戴したことを付記しておきたい。

　二つ目は、市内支店の発券業務の混雑回避のために、その日のご搭乗のお客様の発券を最優先したいので、翌日以降にご搭乗予定のお客様には一旦お引き取り頂いたことである。

　治安の急激な悪化に伴い、現地社員の殆どが出社できない状況も重なり、市内支店の予約・発券業務担当者は、顔を上げる余裕すらないほどのパンク状態となった。特に市内発券カウンター前のロビーは長蛇の列となり、連日、お客様には大変なご迷惑をおかけしていた。そのような状況の中、16日には、ついに「本日の便のお客様を優先したいので、17日以降のお客様は、明日以降改めてお越しいただきたい」とのお詫びとお願いの掲示・呼びかけを行った。平常時には決して許されない対応であったが、荒れ場の判断としては、混乱回避のため致し方ないところであった。

　その他、荒れ場の判断としては、航空券なしの個人旅客への対応のほか、臨時便設定時の費用対効果の是非など本社側といろいろ議論はあったが、最終的には、公共輸送機関としての原点に立ち返り、緊急事態下で航空会社として果たすべき社会的使命は何かという現場の考え方に理解を得ることとなった。

④事後対応

　5月20日、早朝6時、ホテルで宿泊待機していた時、在留の方

から一本の電話が飛び込んできた。「今日の100万人デモは中止です。延期ではなく中止です。間違いありません。」

この瞬間、思わず心の中で「終わった！」と叫んだ。これを契機に、一連の緊急事態は一気に終息に向かうことになったのである。

政変による緊急事態の中にあって、空港での安全運航体制の確保とお客様と社員の安心・安全確保を同時に展開するのは初めてであったが、最終的には、何とか航空会社としての基本的な任務は遂行することができた。

その背景の第一は、「現場指揮官の危機管理に求められるのは、状況の流れの変化を察知し、段階ごとに自ら判断を行っていくこと」という三島健二郎顧問のアドバイスに基づき、事前準備はもとより状況の急激な変化に対しても自信と余裕をもって対応することができたことである。

第二は、現地サイドにおける「華麗なる連携プレー」である。大使館・総領事館・ジャカルタ日本人会・インドネシア運輸当局等との日頃からの信頼関係をベースにした連携が極めて円滑に展開されたことである。特に、市内から空港へのバス（大型バス60台）の手配・運営は、現地当局への護衛依頼も含め大使館の総力を挙げての取り組みがなされ、また、空港内には、臨時の大使館案内所や総領事館窓口が設置され、邦人の渡航証明書の緊急発給や出国税の貸与等、邦人の円滑な出国手続きにきめ細かい対応がなされた。第三は、本社側の的確・迅速な対応。臨時便の設定、日本からの応援派遣者の送り込み、衛星電話回線の設営など、実にきめ細かく、かつタイムリーな対応がなされたことである。第四は、日本からの応援派遣者の献身的な行動。蒸し暑く、立錐の余地もない大混雑の空港ロビー内を汗にまみれながら走り回る一方、市内では支店前に数台の戦車が蟠踞する緊張した状況の中、殺到する予約・案内業務に取り掛かる。また、長蛇の列をなすお

客様を前に、顔を上げる余裕すらないほど多忙を極めた発券業務等、遊軍として実に素晴らしい活躍ぶりであった。

　第五は、何といっても、支店・空港所の日本人スタッフおよび現地幹部社員の旺盛な使命感と献身的・犠牲的努力である。厳しい状況を凌ぎながら、任務の遂行に最後の最後まで最善の努力を払ったその使命感と志の高さは、外務省・大使館はじめ社内外からも高く評価された。

　一方、今回の一連の緊急事態に対する一連の危機管理対応は、すべてがうまくいったわけでは決してない。実際の混乱の中から得た、いくつかの反省点・課題・教訓をご紹介しておきたい。第一は、オープン・チケット（便の予約がオープンのチケットで、有効期限内であればいつでも払い戻しができる。）の事前購入の勧奨である。当初段階から、オープン・チケットの事前購入は必要かとのお問い合わせを受けていたが、必ずしも必要ということではないと説明してきた経緯がある。この判断が甘かった。実際、事態の急展開、銀行の閉鎖、現地社員の出勤不能等全く予期せぬことが重なり、このため、市内の発券カウンターは長蛇の列という混乱を招き、お客様には大変ご迷惑をおかけすることとなった。今後は、危機管理の一環として、事前購入をお勧めしていきたい。第二は、死角に入ったインドネシア第二の都市・スラバヤの問題である。当時、スラバヤには500人を超える邦人がおられ、現地日本人会によれば、臨時便のスラバヤ寄港を要請していたが、その可能性なしということで、17日、18日の2日にわたり、危険を承知の上で、深夜、海兵隊の先導付きでバス15台に分乗し、約300名の邦人をバリ島まで脱出させたという。スラバヤのジュアンダ空港はバリのデンパサール空港の代替空港として指定されていただけに、要請があれば対応は可能であった。今後は地方都市へ

の目配り、連絡チャネルの確保などが課題としてあげられる。第三は、現地社員の出勤体制の確保である。事態の急激な悪化に伴い、現地社員の殆どが出社できなかった。今回は、急遽、日本からの応援派遣者でカバーしたが、本則は、やはり現地社員による要員確保にある。安全なホテルでの宿泊待機、安全な通勤手段の確保など事前に十分な対策を講じておく必要がある。なお、今回の事案では、幸い退避勧告までは至らなかったが、仮に退避勧告が発出された場合、日本人社員退去後の現地社員の労務管理や会社資産の保全体制等についても再度確認しておく必要がある。

（2）9・11同時多発テロへの対応（2001年9月）
─いきなり発生時対応からスタートしたケース─

ここでご紹介するのは、筆者が関空のAASケータリングという機内食会社（社員400名、協力会社社員450名、年商約100億円）で経験した事例である。これまでの事例紹介では、主に消費者・生活者を顧客満足の対象としてとらえていたが、ここでは社員もお取引様も顧客満足の対象と考え、お互いの信頼関係の上に立ってどのようにして危機を乗り越えてきたかについてご紹介したい。

①事案の概要

2001年9月11日、同時多発テロ事件の発生後、国際線航空旅客は急激かつ大幅に減少し、したがって機内食の取り扱い食数も激減し始めた。いつ反転するのか誰も予測できない中にあって、お取引先様のご理解・ご支援のもと、協力会社も含め全社が一丸となって緊急収支改善策に挑戦し、翌年の3月期決算で、僅かではあるが、まさかの最終利益を確保するまでのTrue Storyである。

②事件発生時に感じたこと、考えたこと

　TVで事件のニュースを見ながら、これはTVドラマの一場面ではないかと錯覚するほどの凄まじい想定外の事件であり、これは大変な時代になった、いよいよ乱気流の時代の到来かとさえ感じた。と同時に、これは「企業の活動（商行為）以外の異常な要因で企業の意に反して損害を被るケース」として、まさに企業「危機管理能力」が試される事案だと実感。とすれば、これは既にインドネシアで経験済みであり、そこでの行動指針を援用すればよいのではないかと考えた。ただ、インドネシアの事案と異なるのは、予兆というものが一切なく、いきなり「発生時対応」から取り組むことになったということであった。ここでも、かつての筆者の師匠・広野穣先生（マーケティング・コンサルタント）の「乱気流の経営」の行動指針を思い起こし、これを援用すればよいのではないかと考えた。すなわち、バランスを回復し機体を維持する、推進力を確保する、現在地を常に確認する、目標を見失わない、局面を単純化して一点突破する、パニックに陥らない、Top Managementのリーダーシップを発揮する等々である。

　そして、当時17億円の債務超過を抱えていた会社としては、他の会社のように軽々にビンラーディン・エクスキューズを使うわけには行かず、むしろ、これを奇禍として社内の「構造改革」（販売・生産・コスト・財務・意識の構造改革）を推進する絶好のチャンスになるかもしれないと考えた。

③初動体制

　10月02日の臨時常務会で、当面の対処方針として次の4点を決定した。

（ⅰ）下期の需要を前年対比マイナス20％と想定し、収支見通しや当期利益をリセットした。

当時、日本発の国際線航空旅客はいつごろまで、どの程度減少し続けるかについては、航空関係者といえども誰もコミットできる状況ではなかったが、「逡巡するな」という危機管理の原則にのっとり、とにかく自らの責任と判断のもと、何らかの判断を示すべきと考え、前年比マイナス20％という前提の石を置くことにした。その後12月13日、2番底も想定し前年比マイナス22.5％という、より厳しい数字のもとに対策を講ずることにした。

（ⅱ）毎月、協力会社を含む全社員に向けた「経営説明会」を実施。機内食の食材調達・調理・トレイセット・航空機への搭載・洗浄等現業部門はシフト勤務体制をとっていたことから、全員に説明するために毎月4〜5回開催。そこでは、社長自ら現状と当面の課題をできるだけ分かり易く、丁寧に説明し、社員の理解と協力を要請した。

（ⅲ）お取引様（納入業者様ほか）に対し、食材原価や委託費の下期に限定した「特別割り戻し」について、社長自ら特段のご支援・ご協力を要請し、話し合いを開始した。ただでさえ取扱量や業務量が激減しているお取引様に対し、納入単価を10％割り戻しして頂きたいなど、「平場」（平常時）には、とても言い出せるものではなかったが、「荒れ場」における特殊な状況、特殊な実態をご説明し、何とかご理解を得るべく最善の努力を重ねた。

（ⅳ）機内食の取扱量が激減する中にあっても、それ以外の売り上げ拡大と管理可能費（人件費・一般諸経費等）の抜本的な見直し・削減により、今年度は「当期利益1円を確保」することを新たな目標として宣言した。

航空会社に対し機内食の単価を要請したほか、機内食で開発してきたフローズン・ミールの技術を病院食に移植し増産

を図り、また食品検査業務の受注を拡大する等、機内食以外の分野での売り上げ拡大を図った。一方、残業削減、エレベーターの使用制限、節電対策の徹底など管理可能費の見直しも行ったが、これらは「雇用の安定を図る中で」という大前提の下で実施することを基本方針とし、したがって、人員整理は一切行わなかったことを付言しておきたい。

なお、「当期利益1円の確保」というスローガンについては、社員からも目標数字としては小さすぎるのではと不思議がられたが、先行き見通しが不透明な中での実現可能性の高い目標設定ということだけではなく、赤字で終わるか、1円でも黒字を出すかでは、債務超過の会社としては経営論的な意味が全く異なることは言うまでもないところである。

④経営説明会の内容

　毎月の説明会でどのようなことを説明してきたか。刻々変化する経営状況の実況放送のようなものではあるが、各月ごとに、航空用語も取り入れながら、できるだけ分かり易く丁寧に説明し、社員の不安解消、現状の理解促進、新たな課題発見につなぐことができた。

10月：売り上げは9月に引き続き、更に低下。⇒nose down（機首下げ）

11月：取り扱い食数激減により休止する作業レーンも目立ち始め、職場内では「この会社、大丈夫かな」という声も上がり始めるなど、パニックの兆しが出始める。社長発文書で檄。「企業の意思に反する異常な危機は未来永劫に続くものではない。いずれ反転の時期は必ず到来する。皆で力を合わせてガンバロー。」売り上げは、ようやく下げ止まり。⇒hit the bottom（底を打つ）

第3章　イレギュラリティへの対応〜その心と技術〜

12月：売り上げは上向き始めた。⇒nose up（機首上げ）

1月：当期利益1円確保の可能性でてきた。⇒final approach（いよいよ最終着陸態勢に入る！）

2月：残りあと2か月で2,400万円の収支改善できれば、当期利益1円確保は射程距離内。⇒runway insight（滑走路が視野に）

3月：当期利益3,800万円確保。⇒we've just landed!（無事着陸！）

⑤目標達成に至るまでの特記事項

（ⅰ）お取引先の特段のご理解・ご支援により、緊急避難対策としての特別割り戻しは目標値10％減に対し、最終的には6％減を達成。これが下期の収支改善に寄与するところ極めて大となった。

（ⅱ）全社員（協力会社も含む）を対象にした収支改善提案の募集キャンペーン（12月）では、有難いことに、僅か1週間という限定期間内に242名が参加、409件におよぶ身近な改善提案が寄せられた。

　　　その内容は、エレベーター・冷房はなるべく使わない、電気は必要ないときは必ず消す、社員食堂のTVも食堂の利用者がいない時は必ず消す、といったムダ取りのための細かい経費節減策のほか、弁当販売をやってはどうか、機内食を搭載して空港内を走りまわるフードトラックの側面を使って大阪のレジャーランド・USJの広告をやってはどうか等の売り上げ拡大の奇策まで、かなり広範囲にわたるものであった。

（ⅲ）下期には、役員報酬のカット幅の拡大のほか、管理職の賃金カットを実施。年末賞与（ボーナス）は前年を大幅に下回る係数で、更に社員の期間限定の賃金カット（2月・3月のみ）

109

についても労使で合意。

（ⅳ）その他、パートさんたち数名が深夜、社長宅を訪ねて来て、調理部門で廃棄処分されている肉や野菜を再利用して「お惣菜」を作ってもらえれば、100円でも200円でも、私たち買って帰りますとの提案を受けた時は、思わずグッこみあげてくるものがあった。また、委託費の特別割り戻し10％の話を、とある会社の社長に切り出した際、「分かった、明日から実施する」と即断即決されたケースがあった。後日、その社長とお会いする機会があり、「御社も大変厳しい状態であったにもかかわらず、なぜ二つ返事でご了解されたのか」と伺ったところ、「あの事件はな、あんたのせいやない。機内食会社が厳しい状況におかれたのも、あんたのせいやない。その会社の社長がわざわざ出向いてきてやで、頭下げて助けてくれと言われてやな、わしゃ知らんといえるか。ただそれだけや。」まさに大阪商人の心根にふれた感動的な場面であった。

これらの背景には、創業以来、一貫して「社員とお取引様を大切にする」という先代社長の卓越した経営理念・経営姿勢があった。日頃から、正社員のみならず、協力会社のパート社員に対しても現場目線で明るく気さくに声をかけ、また、お取引様に対しては、発注・受注という立場の違いを越えて、対等のパートナー（Equal Partner）としての関係を構築し、相互の信頼関係を地道に育んできたということである。目標達成に至るまで、ここで繰り広げられた人間模様は筆者にとって一生忘れられない心の財産となっている。

3. イレギュラリティへの対応 〜その心と技術〜

前節の具体的事例から学んだ、イレギュラリティに対する基本的な姿勢・態度・考え方・行動指針について取りまとめておくこととする。

（1）常に身構える姿勢を保つ
（2）危機管理に先例ナシ
（3）任務完遂へのあくなき「執念」を
（4）迷ったら「安全」をとれ
（5）例外管理のススメ
（6）企業構成員の「価値観の共有化」を図る

　インドネシア政変時の危機管理と9・11同時多発テロへの対応という実際の経験を踏まえ、イレギュラリティ（不測の事態）に対する基本的な姿勢・態度・考え方・行動指針について、危機回避の決定的視点は何か、その心と技術をとりまとめておくことといたしたい。

（1）常に身構える姿勢を保つ

　世の中、まさに「マサカの時代」。常に「ヒョッとしたら」と身構える姿勢の保持が求められるご時勢となっていることはすでにふれた。

　危機に直面した場合は、常に止水のごとき冷静沈着な「不動心」を以って、事態の推移を見つめることが求められる。「焦るな」「慌てるな」「諦めるな」「侮るな」ということである。

　世間ではこれを四つの「あ」と呼んで、危機管理の基本として自重自戒している。

そこでは、状況の流れの変化を「察知」して、いよいよここぞという時には、果敢に先手を打っていく「先制の先」の構えが必要となり、また、突発的な不測の事態に立ち向かう場合も、とっさの判断として、効果的な返し技を繰り出していく「後の先」の構えも必要になる。さらに、具体的な対応策を実施した後はただちに、結果に対する評価や事後対応としてレビューすべきはキチンと総括する「残心」も忘れてはなるまい。残心とは激突した後、敵の反撃に備える心構えのことで、先制の先、後の先と同じく剣道の用語である。

　危機管理は事前の準備とその事前準備・対策を錆びさせない工夫で勝負は決まる。

　事前準備の重要な項目にマニュアルの作成があるが、ここで、マニュアル作成にかかわる留意点を挙げておきたい。第一点は、簡潔を旨とすることである。分厚いマニュアルなどは、いざという時に読みこなせるものではないからである。インドネシアのケースでは、A4判2ページ以内にまとめている。第二点は、実態に即したマニュアルを作成すること。抽象的・概念的なものから離れ、実現可能性のある内容項目に仕立て上げることである。第三点は、マニュアルはその作成過程が重要ということである。関係する部門・スタッフが感じていること等を洗いざらい開陳して、まとめ上げていくその過程が重要なのである。第四点は、一旦作成されたマニュアルは、適宜、点検・見直しを行うこと。ISOの品質管理に言うマネジメント・レビューに該当するもので、常に最新情勢に対応できるものに改善していく必要がある。

（2）危機管理に先例ナシ

　危機管理には過去に発生したものと全く同じ事案はありえない

ので、シナリオ策定に際しては、特に「発生時対応（荒れ場）」の
シナリオの構成には、常に「創造性」が求められる。

　これは、その事態・局面にあった対策を臨機応変にデザインす
る創造性の発揮が求められるということである。インドネシアの
ケースでは「例外管理」として実施してきた項目などがそれにあ
たり、9・11ケースでは、国際線旅客の需要見通しを、果敢に前
年比マイナス20％に置いたことや、お取引様に対する特別割り戻
しの提案、全社員向けの経営説明会の実施、最終利益1円確保と
いう目標設定などがそれにあたる。

　ところで、危機管理時における創造性の発揮については、普
段から、効果的と思われる対策ユニット（単体）を自ら開発・蓄
積しておき、併せて、そのユニットの組み合わせ効果等を研究・
検討しておくことが基本となる。このあたりは、製薬会社の新薬
開発の発想にも共通するものがある。そのためには、過去の事
例、他社の事例、他業界の事例などを謙虚に学ぶ姿勢も重要とな
る。特に、自社の過去の事例を学ぶ際は、先達のご苦労に意を用
いながら、今でも活用可能な、何か光るものがあるはずと確信し
て昔のファイルを読み返してみると、意外と現代にも適用可能な
効果的なユニットを発見できるものである。時代の変化に応じて
変えるべきものもあれば、時代の変化があって変えるべきではない、
変えてはならないものもあるのである。（不易流行）

（3）任務完遂へのあくなき「執念」を

　仕事には困難や失敗はつきものだ。そのような時、困難に敢然
と挑戦し、失敗に屈せず再起させるものが「執念」である。（土
光敏夫）

　危機管理においても同様で、困難を極める緊急事態下において
任務を完遂させる力は、単なる能力ではなく、旺盛な使命感、献

身的・犠牲的努力など、その能力に起動力・粘着力・浸透力を与える力、即ち「執念」が不可欠となる。

特に、対策を錆びさせないための、(remindさせるための) 創意・工夫などは、息の長い執着心をもった対応が求められる。具体的な方策の一つに、トップから社員向けに方針を説明する機会を頻繁にもつことなどがあげられる。インドネシアのケースでは、毎月の支店長Statement (「今月の言葉」) の発出、毎週の管理職ミーティング、9・11ケースでは、毎月の社長による経営説明会などもそれに該当する。特に、繁忙期にはいろいろな形でイレギュラリティが発生する可能性があり、常に「周到な準備」 (carefully planned preparation)、「きめ細かい段取り」 (thorough arrangement)、「各人の役割分担の確認」 (confirmation by staff of each other's role) という三原則については、各現場において繰り返し周知徹底を図っておくことが必要である。各人の役割分担の再確認については、単なる形式的な言葉の伝達ではなく、「意味」と「認識」の伝達を意識したコミュニケーション力が求められる。

この「意味」と「認識」の伝達をしっかりやることにより、例えば、病院での「確認会話」のレベルが高まり、患者取り違え事件なども防ぐことができるようになるのではないだろうか。

(4) 迷ったら「安全」をとれ

航空会社や機内食会社にとっては、安全運航の確保、食品の安全確保がそれぞれの企業の存立基盤・経営基盤になっている。イレギュラリティ (不測の事態) の中にあっても、人命・安全最優先の行動指針は堅持されなければならない。

イレギュラリティ (不測の事態) においては、事態が予想以上のテンポで急速に悪化していくとか、今後どうなるのか先行きが読めないという状況下であっても、常に何らか判断を行うことが

求められる。ただ茫然として事態の推移を見守るだけで、何もアクションを取らないということは、決してあってはならない。次なる局面打開の対応策の設定ができないからである。とにかく何らかの判断を行っていく。「逡巡するな」といわれる所以である。9・11のケースで、国際線旅客数がどこまで落ち込むかについて、誰も確たる見通しを立てられないでいた中、思い切って、下期は前年比マイナス20％と置いたのはその意味であった。

　また、イレギュラリティ時の対応策の設定に際しては、小出しの対応や小刻みの退却の繰り返しは極力さけ、「大きく構える」ことも大切である。かつての戦陣訓を持ち出すまでもなく、敵の火力が読めない時は、指揮官は面子にとらわれることなく、一旦大きく退けという。それが、その後の反転攻勢に余裕をもって対応できるということにもつながる。インドネシアのケースで、日本からの応援派遣を求める際、多少多めかとは思ったが、延べ26名の派遣を要請し、その後余裕をもって業務をこなすことができるようになった。

「報・連・相」はイレギュラリティ発生時には、特に重要となる。とりわけその社員個人にとって、あるいは会社にとってマイナスになるようなネガティブ情報は、"Fact is Fact"の考え方すなわち、事実は事実なんだという考え方に立って、正直に一刻も早く上司ほか関係者に報告する必要がある。隠蔽は一時しのぎになっても、あとで取り返しのつかない大変な問題を惹起することにもなりかねないからである。

　こと安全に関しては「臆病者といわれる勇気を持て」という言葉がある。到着予定空港の視界が限界ギリギリであるような場合、決して無理して着陸に固執すべきではないという運航乗務員への自重・自戒の言葉である。今は「ムリをしない、ムリをさせない」という意味で、人命・安全確保最優先の合い言葉で広く全社員に

刷り込まれている。また、「安全の敵は安全」という言葉の通り、安全運航が継続されているとおのずと緊張感の希薄化、欠如を招き、油断・過信につながる危険性が出てくる。ベテラン機長といわれる人たちも、乗務を前にして「今日も基本に忠実に」と念じて操縦室に向かうという。錯誤・錯覚・うっかり・ぼんやりミス退治の自重自戒の言葉として常に胸に秘めておきたい。

（5）例外管理のススメ

イレギュラリティ発生時の対応においては、「荒れ場」の判断基準として、「例外管理」（Managing Exception）の発想を敢えて取り入れる勇気も必要となる。

これは、「平場」（平常時）で通用している横断的・統一的・画一的な一般原則的な判断基準から離れて、「荒れ場」の状況の特殊性に着目し、その特殊な状況、特殊な実態に即した解釈・判断を行うことにより局面を打開するという発想である。世間には、公平性を優先させるあまり、新たな発想を抑え込んでしまうバランスファッショ論的発想が横行しているが、イレギュラリティ発生時には、この例外管理の発想は大いに活用されてしかるべきものと考える。

言い換えると、「荒れ場」においては、「平場」の論理に固執しない方が正解ということもありうるのである。

インドネシアのケースでいえば、臨時便の事実上の設定権限の支店への移管、航空券なしでの搭乗等々であり、9・11ケースでは、翌年3月までの緊急避難措置として、お取引様に対する特別割り戻し10％の協力要請などがこれにあたる。

法律には「但し書き」というものがある。刑法には違法性阻却事由もある。ましてや刑法第37条の緊急避難に該当するがごとき事案については、例外管理の発想を大いに活用して臨むべきなの

である。

今の世の中全体を「荒れ場」と仮定した場合、例外管理の発想は、昨今の停滞感・閉塞状態からの脱却、あるいは、現状変革・パラダイムの変換等、より次元の高い理想を追求する際の重要な発想法として、「揺らぎ」の醸成・創造的破壊・新しい「うねり」の創造等に広く援用できるのではないかと考える。

一方、例外管理からは、逆に、本則の持つ本来の意味の重要性を改めて認識しなおす絶好の機会になる。と同時に、本則の限界（陳腐化・時代不適合性等）を指摘することにもつながることになる。

（6）企業構成員の「価値観の共有化」を図る

危機管理を組織として適切に運用・展開していく際、一番重要なのは、何といっても企業構成員（含む協力会社社員）の「意思の統一」である。

どんなに小さなプロジェクトでも、参画しているメンバーの意思の統一なくして成功はありえない。ましてや現実に直面する危機管理においては、なおさらのことである。

では、この意思の統一をどうやって実現するか。単なる情報の共有だけでは不十分で、これを価値観の共有化まで進化させていく必要がある、価値観の共有化とは、「何を大切に思うか」ということを共有化するということである。そのためには、あらゆる機会をとらえて、社員に直接説明し、一緒に考えてもらい、一緒に行動してもらうことが第一点。次に、執念に近い情熱と忍耐を以って、所期の目標を実現しなければならない合理性・必要性・緊急性を単刀直入に、かつ大胆に、ひたすら語り続けることが第二点。必死の思いを込めた意思の疎通は、労働組合やお取引様との信頼関係を築くことにもなる。そして第三点目は、説明能力の発揮、すなわち、できるだけ分かりやすい話ことばや書き言葉で、

これまでの経験知・暗黙知を形式知化し、さらにそれを集団知化して、知の共振の域にまで進化させる。いいかえると、これまでの経験から得られた知識（経験知）や勘どころ・コツなど知っていても言葉でうまく説明できない経験や五感から得られた知識（暗黙知）をコトバによる明示的な知識（形式知）に変換して、それを集団で共有（集団知化）し、たとえ別な場所や異なった時間にあっても、ツーカーで相互理解できる世界まで進化させるということである。これにより人心の結束はもちろんのこと、現場からの提言という形で組織としての創造性も発揮される。トップマネジメントや現場指揮官は、これらの点に着目して、ストローク（相手の人間性を大切に思う気持ちを、言葉、姿勢、態度、行動の全てを使って表現すること）を社員に向かって投げ続けること、これが意思の統一の実現に向けての必要不可欠な条件となる。

第3章 イレギュラリティへの対応〜その心と技術〜

4. 企業構成員の意思の統一で、生産性の向上を

> ホスピタリティマネジメントにおいても、イレギュラリティへの対応においても、組織として企業構成員の意思の統一、価値観の共有化をどのようにして実現していくかが決め手となる。その目的は、社員を大切にし、組織を活性化させて、生産性の向上を目指すことにある。
>
> （1）プロセス・クオリティ・コントロールの追求
> （2）経営トップ層による経営の意思の徹底・浸透
> （3）重要な中間管理職の職責・権限
> （4）内発的動機付けで、社員の生きがい・働きがいの醸成を
> （5）ES（社員満足）の実現は、規律ある明るい職場づくりから
> （6）あらためて職場の労務管理のあり方について考える

（1）プロセス・クオリティ・コントロールの追求

　ホスピタリティマネジメントにおいても、またイレギュラリティへの対応においても、これらを個々の社員のパフォーマンスにとどまらず、組織全体として適切に運用・展開していくためには「企業構成員の意思の統一」が決め手となる。

　第2章でふれたホスピタリティの「プロセス・クオリティ・コントロール」に関連し、一つの事例として、出張のため台湾に出掛けた航空旅客の場合を考えてみる。航空券の予約・発券、出発空港でのチェックイン、機内でのサービス、到着空港での手荷物のピックアップ等、顧客とその航空会社とはいくつかの接点がある。到着まではスムーズにきたが、到着空港で手荷物をピックアップしようとしたら、手荷物の取り扱いミスにより、大きく破損してい

119

たとする。

　この場合、顧客と航空会社の接点はいくつかあったが、この中の1か所でも不具合が発生すると顧客の旅行全体が不満足なものになってしまう。

　それぞれの接点において、Quality Control（品質管理）を懸命に追求しても、到着空港でたった一つのミスハンドリングが発生しただけで、顧客は「帰りは別な航空会社にする」とか「あの会社の便には乗るな」など、他の顧客に話してしまうことになるのである。

　顧客との接点すべてにおいて、満足のいくようなQuality Controlを推進していかなければならないというところに、サービスの厳しさがあるのである。顧客の「動線」に沿った流れの中で、プロセス全体のQuality Controlの追求に全精力を傾けて、初めて顧客への満足の提供が完成することを改めて認識しなおしておく必要がある。

　そのためには、普段から「何を大切に思うか」という価値観を組織全体で共有し、意思の統一を図っておくことが求められる。

　前節のインドネシア政変時のケースでは、市内支店・空港所の日本人社員、現地社員、それに、応援派遣者までもが、困難な状況下にあっても任務遂行のあくなき「執念」を発揮することができた。また、9・11ケースでは全社を挙げて「何とかして当期利益1円を達成しよう」を合言葉で難局を凌いできた。これらは、いずれも企業構成員の意思の統一があったからできたものである。

（2）経営・トップ層による経営の意思の徹底・浸透

　ホスピタリティマインドの醸成のため、組織として企業構成員の意思の統一をどのように図っていくか、経営トップ・中間管理職、一般社員という各階層ごとの課題を列挙しておきたい。

経営・トップ層による経営の意思の徹底・浸透については、単なる情報の共有化だけでは不十分で、これを「価値観」（何を大切に思うか、ということ）の共有化まで進化させるため、経営トップは、あらゆる機会をとらえて、ホスピタリティマネジメントの目標や行動指針を社員に直接説明し、一緒に考え、一緒に行動してもらうため、その趣旨の徹底と浸透を図ることが重要となる。

年度方針説明会・年始式・新入社員入社式・会社創立記念式典、中間決算発表時・決算発表時・株主総会・年末終務式・経営説明会（社内）等々の場において、トップ自らが執念に近い情熱をもって、所期の目標を実現しなければならない合理性・必要性などを単刀直入に、大胆に、ひたすら語り続ける。この必死の意思の疎通の姿は、社員のみならず労働組合、お取引様との信頼関係を築くことにもなる。

説明にあたっては、前節の9・11ケースの総括でもふれたとおり、できるだけ分かり易い話ことばや書き言葉で、これまでの経験知や暗黙知を形式知化し、それを集団知化して、「知の共振」の域まで昇華させる。これにより、組織構成員の人心の結束や創造性が発揮される。この点に着目して「ストローク」を投げ続けることが、意思の統一の実現に必要不可欠な条件となる。

また、上記の経営トップによる組織ビジョンの明確化に加え、現場第一線への権限移譲、逆ピラミッド型の組織対応（上司は現場のサポート役に）の再点検、更には社内評価システムの見直し（売り上げ・利潤達成評価から顧客満足度達成評価への転換、報償・ボーナス・昇進・昇格への反映など）も必要になる。

（3）重要な中間管理職の職責・権限

CS追求のシナリオの設計から実践に、あるいは総論から各論に変換していくためには、上意下達・下意上達の要衝にある中間管

理職の積極的な行動力が求められる。

　経営トップから示されるCS追求の経営戦略の意味を理解し咀嚼して、それを接客の現場第一線のスタッフのために業務ガイドラインとして具体化し、必要な予算・人員体制を確保する。一方において、現場第一線のスタッフからの提言・提案を、適時・適切に会社の行動指針に反映すべくこれを取りまとめ、役員会の決済をとるなど、中間管理職による経営の意思決定への参画は、極めて重要となる。

　CS追求の実務面においては、現場第一線のスタッフに権限移譲がなされる逆ピラミッド型の組織機構を前提とするだけに、それを円滑に運用する中間管理職は微妙にして持続的な舵取りが求められる。顧客の「事前期待」はどの辺にあるのか、その現状と変化を把握するだけでなく、現場社員のやる気・意欲を盛り上げながら、その業務をサポートする等、部下の指導・教育、情報収集・伝達に熟達した見識のある中間管理職の存在は不可欠となり、まさにCS追求の中核として、その職責・権限はますます重要となってくる。世間から、中間管理職受難の時代などと呼ばせないよう、今こそ経営トップは中間管理職の担う職責・権限に対し、正当な評価を行うべく意を配る必要がある。

（4）内発的動機付けで、社員の生きがい・働きがいの醸成を

　CSの追求により顧客が満足すると、顧客から「ありがとう」という感謝の声が寄せられる。そこには小さな感動が生まれ、これが仕事を通じての自己実現の歓びをスタッフに体感させることになる。これが次の仕事へのやる気につながり、CSの追求に更に積極的に取り組んでみようということになる。（内発的動機付け）

　このように、CSの追求⇒顧客の満足⇒顧客の感謝の声⇒自己実現の歓び⇒次の仕事へのやりがい⇒CSのさらなる追求、という

第3章　イレギュラリティへの対応～その心と技術～

好循環が繰り返されることにより、顧客の満足度は一段と高まることになり、これに比例して社員の満足度も益々高まっていく。

　会社としても、顧客からの支持を得て、リピーターや固定客を増やすこととなり、その結果、売り上げの拡大や利潤が必然的についてくるということになる。社員のやりがい・満足度を基点とし、顧客の心の充足感、心の満足感の追求にむけて、組織を挙げて取り組む、これがホスピタリティ重視の経営といわれるものである。

（5）ES（社員満足）の実現は、規律ある明るい職場づくりから

　社員が満足していないのに、顧客に満足の提供などできるはずがない、すなわち、ESなくしてCSの追求等おこがましいという議論は、ある意味では的を射たものである。

　第2章でふれたとおり、CSの前提はESにあるといわれる所以（ゆえん）である。

　ところで、ここで言う社員の不満というのは給与とか福利厚生に関してではなく（もっとも、賃金・労働時間・休憩・休日等の労働条件が世間水準や同業他社水準に比し、極端に低ければ話は別だが）、ほとんどの場合、仕事に関しての不満であり、現場でやりたいことがやれないなど、意欲的な取り組みを抑え込んでいる会社・上司の姿勢にあることが実態として挙げられている。例えば、部下のアイディアを阻害する上司の言葉などを聞くにつけ、これではやる気が起きなくなるのももっともだと思われるものが、結構、現場には横行している。部下からの提案に対して、「本当にいいことだったら、他に誰かがやってるよ」「理論と実践は違うからね」「つまらんことを考えるな」「もっと他にやるべきことがあるだろうよ」「考えだけはいいと思うが」「そんな予算はないよ」「時期尚早だよ」「君はその問題を理解していない」「新しい人には解らないだろう」「前例がない」「そんな話聞いてない」等々、折角のアイ

ディアを門前払いして平然としている上司が、いかに多いことか。これでは「やる気」など起きるはわけがないのである。

（6）あらためて職場の労務管理のあり方について考える

「事業は人なり」という言葉がある。これは、時代や国境に関係なく、いつの時代にも通用する組織運用上の鉄則といってもよい。会社の資産には、ヒト・モノ・カネ・情報等いろいろあるが、この中で、会社を支えているのは、やはり、「ヒト」なのである。「人は石垣、人は城」といわれるように、組織はいろいろな職種、職位、能力、経験の人々に支えられている。昨今の雇用形態の多様化の中にあって、協創作業（Collaboration）の実効性を高めるには、正規・非正規社員同士の信頼関係（心の絆）の確立は不可欠である。ましてや上司と部下の関係においては、なおさら信頼関係の確立が前提になる。どんなに小さなプロジェクトでも、そのプロジェクトに参画する人々の「意思の統一」がなければ、決して成功することはない。

　ところで、人（人的資源）にかかわる管理機能、つまり、労働力を入社から退職までどのように管理するか、これは一般に「労務管理」といわれている。ちょっと難しい表現となるが、労務管理とは、労働力の調達（採用）・活用など、経営活動が企業の目的に向かって効果的に行われるよう管理することである。企業の目的を生産性の向上とすると、労務管理とは、生産性の向上を図るため、企業構成員の「意思の統一」を実現すること、ということになる。

　では意思の統一を図るためにはどうすればよいか。

　意思の統一を図るためには、「経営者・管理職者が、その意思を部下に強制する、すなわち、命令によってばかりいれば部下の反発を招く虞れがあり、部下の意思に経営者・管理職者が迎合す

れば、恣意・放縦、さらにそれがつのれば背信が企業にはびこり、その結果は、いずれにおいても意思の統一から遠くなるからである。命令を基盤としながら納得を旨とする手続きをスムーズに進めてこそはじめて企業の求める意思の統一が実現できるのであるが、これまた矛盾に満ちた手続きであるが故に人間心理をふまえた微妙にしてしかも持続的な舵取りが要求されるのである。この微妙にして持続的な舵取りこそ経営者・管理職者の役割であり、労務管理の本質である。」（高井伸夫・労働法理を活かす実学労務管理より一部抜粋）

　この矛盾に満ちた手法の中で、一定の結果を出さなければならない立場にあるのが、前述の中間管理職である。トップの指示内容に対し、仮に現場第一線のスタッフが異議を申し立てた場合、現場で働くスタッフの心情を熟知している中間管理職としては、どのように調整するか、実に悩ましいところではある。ここは、まさに人間心理を踏まえた、微妙にして持続的な舵取りが求められる場面であるだけに、中間管理職の「人間力」（ヒトの心を動かす力）が試されることになる。しかし、普段から部下との信頼関係を構築していれば、最後は「あの上司が、あそこまで言うんだから、今回は信頼して任せることにしよう」ということで決着を見る可能性もある。これなどは、人間・中間管理職自身の生きがい・働きがい、やる気に火をつけ、部下との信頼関係づくりに一段と弾みをつけることにもなるのである。

　最後に、社員のやりがい・働きがいを惹起するための方策について、ご提案させていただきたい。

　ある人材会社で、既卒・若年層（留学生を含む）の就職支援をしていた時の話である。何のために働くのか、働くことの意義について質問したところ、説得力のある回答ができた者は、ごく少数で唖然としたことがある。そこで、働くことの意義について再

確認することにした。

　第一点は、自分と家族の生活を守るために働く（経済的労働）。第二点として、仕事を通じて、人や何かの役に立ちたいから働く（社会的労働）。第三点として、仕事を通じて、自分の能力や行動力（Performance）に客観的な価値をつけていくために働く（自己革新的労働）と整理した。なお、自己革新的労働については、自己実現により、自分自身の「自画像」を自分自身の手で、より良いものに書き換えていくことだと補足して説明しておいた。それを踏まえて、自己実現については、どんな時に手ごたえを感じるか議論したところ、アルバイトの経験からか、大変興味深いことが浮き彫りにされた。

　自己実現の歓びを感じる時の第一点は自分の能力が従事している仕事を通じて、日々高まってきていると実感した時で、第二点は自分の仕事ぶりが、周りの人々から評価されていると実感した時で、第三点は仕事の結果が何かの役に立ったと実感した時ということであった。

　これらを参考に、社員のやりがい・働きがいを引き出す方策をいくつかまとめてみると、

ⅰ．会社から、上司から、自分自身の行動が認知（Recognize）されていると実感させること。仕事は、指示・命令に対しどういう報告をするか、というのが基本パターンであるので、彼らの報告（文書・行動）について、程度の良し悪しは別として「認知」してあげることが大切だ、ということ。

　　繰り返しになるが、他人から、上司から、世間から認められたいと思う心に、時代も国籍・国境も関係ない。人類共通の本質なのだ。

ⅱ．どんなに小さなことであっても、手ごたえを感じさせる Stroke（前掲）が人に感動を呼びおこし、その感動が心の扉を開かせ、

第 3 章　イレギュラリティへの対応〜その心と技術〜

人の心を変えていくのだと確信して、常に職場管理を行って
いくことが重要だということ。中間管理職は、部下とのコミュ
ニケーション向上に積極的に努力しているか、部下の自己実
現を図るために努力しているか、部下の声によく耳を傾けて
いるか、部下の仕事を正当に評価しているか等々、職場の上
司たる者として自問自答しながら、日常の職場管理を行って
いくことが肝要ということである。

iii. これらの方策により、部下の Willing Power（自ら進んで仕事
に取り組む力）を発揮させ、彼らのやりがい・働きがいを引
き出し、組織全体の活性化と生産性向上の実現につないでい
くこと、これが本来の労務管理の姿なのである。

引用・参考文献

・三島健二郎『企業危機管理』ダイヤモンド社　1998年

・高井伸夫『労働法理を活かす実学労務管理』第一法規　1982年

・ヤン・カールソン『真実の瞬間』ダイヤモンド社　1990年

・川上隆朗『インドネシア　民主化の光と影』朝日新聞社　2003年

・PHP研究所・編『土光敏夫　信念の言葉』PHP文庫　1989年

・紺野猷邦『現場指揮官の危機管理』News Network Asia紙・連載　2010年

・OLC CSR Key Topics　http://wwwcom.olc.co.jp/resources/pdf/csr_keytopics_2011.pdf

第 4 章

総括

ここではこれまでの章で述べてきたことを踏まえ、サービスプロフィットチェーンについてふれ、ホスピタリティとホスピタリティマネジメントについて総括をしていきたい。

（1）サービスプロフィットチェーン
（2）総括

（1）サービスプロフィットチェーン

　これまでの論点を踏まえて、社員満足（ES：employee satisfaction）と顧客満足（CS：customer satisfaction）の関係性について、わかりやすく整理するために、サービスプロフィットチェーンについてふれておきたい。サービスプロフィットチェーンとは、社員満足や顧客満足・顧客ロイヤリティや企業利益など、すべてがつながって循環しているということである。これは、ジェームス・L・ヘスケットらが提唱したサービス概念のモデルである。

　わかりやすく図式化したい。

　すべてはつながって循環している。これが、サービスプロフィットチェーンである。

　顧客満足を高めて利益をあげる以前に、社員満足ありきということが納得できるであろう。顧客ひとりひとりの要求に対し、柔軟に対応でき、高品質のサービス提供をなしうるためには、社員ひとりひとりの人間性や働く上でのモチベーションが欠かせない。そのために企業は、顧客満足と社員満足は等価性をもっていることを認識し、ホスピタリティの意識付けや働く環境を作り出すこ

第4章 総括

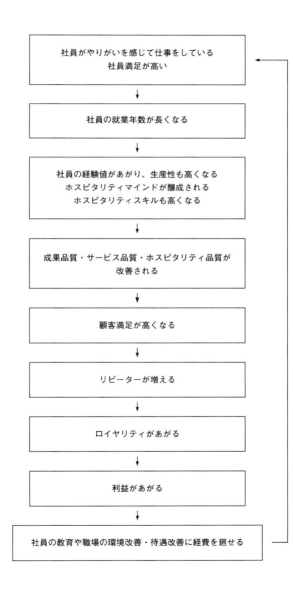

とを怠ってはならない。

　自社の社員を「社内顧客」「内部顧客」ととらえて、社員が自分の職場に満足し、能力を発揮できうるような環境を作り出す活動のことを「インターナル・サービス」と呼ぶ。つまり、社員満足を高めることが顧客に提供するサービス品質を高めることになり、顧客満足へとつながっていく。組織全体で社員が満足して働ける環境の支援をしていくマネジメントこそ、重要な意味をもつのだ。

　右肩上がりに成長を遂げた企業は社員を大切にし、社員を一つのファミリーのようにとらえ、社員が笑顔でなければお客様を笑顔にできない、社員が幸せでなければお客様を幸せにできない、というポリシーをもっているはずである。組織には様々なセクションがあり、様々な社員がいるが、社員こそ企業の財産であり、社員なくして組織は成り立たない。企業は顧客満足を高めるための絶え間ないサービス品質改善の努力と、社員満足を高めるための組織づくりを徹底しなければならないのである。

(2) 総括

　経済のサービス化が進む現代において、様々な産業において、競合他社との差別化をはかるためにも、顧客満足を高めるためにも「ホスピタリティ」は必要不可欠である。モノを製造・販売する、サービスを提供する前提として、顧客・消費者・ユーザーに対して「顧客満足」を提供したいという「想い」があって、はじめて、その時代に求められているモノ・利用されるサービスを生み出していくことができるのである。

　今やモノやサービスを単に「売る」時代から、「買っていただく」時代になっている。顧客には「買う」選択肢もあるが「買わない」選択肢もあるのだ。モノやサービスに付加価値をつけるこ

とが他社との差別化につながり、また継続的で固定化されたお客様を獲得するためには企業と顧客の「関係性を構築する」ことが必要とされる時代にもなっている。付加価値とは、一般に企業が生産やサービスのもつ「魅力や効用」を価値としてとらえている。そこでは、その「魅力や効用」が顧客の「値ごろ感」に適合しているかどうかも重要なポイントとなる。

　マーケティング（市場にあった商品・サービスをつくり、その売り方を考えること）を実施し、売れるモノを製造・販売するだけでなく、個々のニーズやウォンツをより的確に把握し、モノやサービスをお届けできる絶え間ない努力が求められているのだ。
　顧客の明確なニーズに応えるだけでは、競合他社がそれを先に見越して、そのニーズを満たしてしまっているかもしれない。顧客のまだはっきりとしていない「何か」を引き出し、創り出し、提供していくことは、顧客に満足以上の驚嘆や歓喜を与えることができるはずである。大げさに思われるかもしれない。しかし、初めて携帯電話を手にした時、スマートフォンを明確にイメージできていた顧客はどれだけいただろうか。
　企業は顧客によって支えられている。顧客の生涯価値を高めることは企業の資産価値を高めることに等しい。このように顧客満足を一段と高めていくことを実践するホスピタリティ経営は、今後ますます必要とされる課題なのである。個々人の価値観、要望も多様化している現在、どのようなモノやサービスを提供すれば顧客満足が高まるかという答えは、顧客の中にあるといえよう。勝手な思い込みで一方的にモノやサービスを提供するのでなく、顧客との接点を増やし、共に自社のモノやサービスの価値を生み出すことが重要となっているのである。企業と顧客との双方向のコミュニケーションがその術となりえよう。

時代は変化・進化し、何か欲しいモノがあるとすれば、購入する以前にインターネットを利用して価格の比較、口コミでの評価を参考にすることが可能となった。店舗に実際に足を運ぶことなく情報収集することができるのだ。情報不足のお客様は確実に減少している。顧客とスムーズで、かつ安心・納得して頂けるコミュニケーションをとるためには、接客要員は十分なモノ・サービスの知識を蓄え、常に上書きしていく努力が必要となる。

　お客様の顕在的ニーズだけでなく、お客様ご本人がまだ明確化していない潜在的ニーズを、双方向のコミュニケーションから導き出すことも可能となる。この目には見えない「顧客の深層心理」にアプローチしつつ、顧客とともに新たなサービス価値を創り出していくような努力を怠ってしまえば顧客は離反していく。

　情報化社会となった現在では、対面対応に限らず、インターネット上でも企業と顧客との双方向のやりとりが可能となっている。ホスピタリティとITとの融合も、今後ますます、ホスピタリティを基軸をした経営には必要とされるであろう。

　お客様に対して「新しい魅力」「新しい価値」「新しい効用」の誘発を投げかけ、お客様から「違和感・共感」を返してもらうような双方向のやりとりを重視することから「共創価値」が生み出される。企業も顧客も双方向のやりとりを重ねることで、双方の新しい価値は高まり、双方の満足度も高まり、さらには、企業と顧客の関係性構築が強化されることとなる。あるいは、カスタマーセンターなどに電話をしてくるお客様から、自社製品の使い勝手のわかりづらさや、サービスへの不満を収集し、そこから顧客が求めるモノやサービスを新たに改善・開発していくことも可能となる。

　消費者や顧客から不満を買い取り、それを企業に提供して、企業はその不満を解消すべく、商品・サービスの改善を図るシステ

ムを実現している不満買い取りセンターも1つの例といえよう。お客様の不満やクレームの中には、新しい商品やサービスのヒントが隠されていることも多いのだ。

ホスピタリティマネジメントとは、組織が現時点において、お客様に対して提供しているホスピタリティの質を維持し、さらには、お客様の不満をすくい取り、組織内の問題点を洗い出し、具体的な改善策を検討し、実行する。そのプロセスや結果を社員にフィードバックしていくような、様々なホスピタリティ向上への活動全体を意味しているといってもよい。それは永続的な事業運営の課題といっても過言ではない。

多種にわたる企業の研修の中で、現場も拝見し、強く感じていることとして、同じ組織内では、部外者が見て「問題点」だと気づく部分が、部内者には「問題点」と見えていないこともあるということである。それが「当たり前」であったり、見えているはずなのに、気づかない状態のようになってしまって、問題を問題としてとらえられなくなっていることもある。

「ゆでガエル理論」あるいは「ゆでガエル現象」と称されるたとえ話に通じるものがある。これは科学的な実験の現象ではないが、水の中の温度を少しずつ上昇させると、水の中の蛙は緩い温度変化に気づかぬまま、最後にはゆであがってしまうという例である。小さな環境の変化には鈍感で、それが当たり前になってしまい、回避したり、対応策を講じないうちにダメージを負ってしまうこともありえるというたとえ話である。

お客様へ提供するホスピタリティの品質を高めるためには、まず、社員が生き生きと働ける環境作りも欠かせないことは、繰り返して強調してきた。

最後に、ホスピタリティマネジメントについて図式化して、説明を加えたい。

ホスピタリティマネジメント

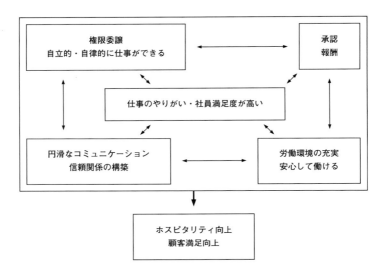

　ホスピタリティマネジメントで重要なことは、ホスピタリティとはいかなることなのかを自分の言葉で理解・納得し、それを組織や社会の中で実際に自ら具現化していけるかということである。様々な立場や観点から、たとえば、経営者ならば社員満足をいかに現時点より高めていくか、組織の中の接遇リーダーならばホスピタリティをいかにお客様に提供していくか、商品開発や製造に携わっているならばどういうモノをお客様が求め・喜んでくださるか、どのような仕事に携わっているとしても、現状より早く顧客情報を社員で共有化するにはどうすればよいか……など、大小にかかわらず多種多様なホスピタリティマネジメントの方策はあるはずである。

　自分の考え方や意識が変化すれば、行動が変わり、自分の行動

が変われば相手や環境も少なからず変化するはずである。すぐに結果は出ないかもしれない。しかし、自身のホスピタリティマインドあふれる行動によって、誰かが喜んでくれていることに間違いないであろう。

　接客の現場において顧客満足を高めるためには、サービスとホスピタリティがどう違うのか……ということに重要な意味があるわけではない。お客様が100人いれば100通りの顧客接点がありえる。接するお客様も異なれば、接客要員も異なり、状況も異なる。1＋1＝2のように、顧客満足を高めるための答えは存在しない。しかし、答えがない分、お客様が「心」で感じた喜びや、感謝の気持ちは何倍にも大きくなることもある。そして、接客要員に鏡のようにはね返ってくるものも大きくなる。まさに「サティスファクション・ミラー（satisfaction mirror）」だ。サティスファクション・ミラーを指摘したのは、Ｂ・シュナイダーとＤ・ボウエンだが、社員が自分の業務に自信をもつことができるのは、顧客満足の継続的情報（顧客満足の表現）が、どの程度与えられるかによって決まるというものである。

　ホスピタリティの具現化は決して一方向的な関係性でなく双方向的な関係性なのである。win・winの関係性ともいえるであろう。さらに、現場での接客要員と顧客の双方向的で継続的な関係性は、企業にもはね返ってくる。そのために企業は、社員が顧客に最大限のホスピタリティを具現化できるような「仕組み」を作らなければならないのだ。

　顧客・社員・企業、すべてはつながっているといってもよい。そして、「つながり」の根幹にはホスピタリティが必要なのである。

引用・参考文献など

・ハーバード・ビジネス『顧客関係性のマーケテイング戦略』
　ダイヤモンド社　1997年

・不満買い取りセンター　http://fumankaitori.com/

・（学）産業能率大学総合研究所
　サービスイノベーション研究プロジェクト編著
　『サービスイノベーション』産業能率大学出版部　2012年

・サービス＆ホスピタリティ・マネジメント研究グループ　徳江順一郎編著
　『サービス＆ホスピタリティ・マネジメント』産業能率大学出版部　2011年

・服部勝人『ホスピタリティ学のすすめ』丸善出版　2008年

・服部勝人『ホスピタリティ・マネジメント学原論』丸善株式会社　2006年

・徳江順一郎『ホスピタリティ・マネジメント』同分館出版　2012年

・立教大学観光研究所編『ホスピタリティマネジメント』
　有斐閣アカデミア　2008年

・G.ハメル＆C.K.プラハラード　一條和生訳
　『コア・コンピタンス経営』日本経済新聞社　1995年

あとがき

　顧客満足の追求は、今や多くの企業において経営理念として掲げられており、まさに21世紀の最重要・経営課題となっている。各社の企業理念を見ると、お客様第一主義、お客様本位、お客様基点の発想、お客様の視点からの発想、お客様の声に徹底してこだわる、中には、顧客満足度№1を目指すという、そのものズバリを正面に据えている企業もある。このような状況の中で、他社との競争優位性を確保していくにはどうすればよいのかという問題意識のもと、本書では、顧客満足の根源であるホスピタリティとは何なのか、顧客との共感的理解を深めるためには何が大切か、更に、スタッフ自身が、自ら気づいて、自分の判断でお客様優先のホスピタリティの実践に勤しむためには、組織としてどう取り組むべきかなど、これからのホスピタリティ経営のあり方について分かりやすく取りまとめたつもりである。

　顧客満足の追求から顧客感謝・顧客感動の獲得へ、という言葉がある。

　ほとんどの企業が顧客満足の追求に取り組んでいる中にあって、他社との競争優位性を確保するためには、これまでの顧客満足の追求から一歩踏み込んで、行動目標を顧客感謝・顧客感動の獲得（勝ちとること）に変換・進化させていく必要があるという意味である。

　顧客満足度調査では、一般に、大変満足、満足、普通、不満、大変不満の5段階で評価される。この中で、「大変満足した」顧客は、帰り際に必ず「ありがとうございました。」「大変お世話になりました。」という感謝・感動の言葉をスタッフに置いていかれる。それだけでなく、「大変満足した」顧客は、間違いなくその企業の

139

リピーターや固定客になってくださるのである。その意味で、これからは単なる「満足」の追求ではなく「大変満足した」の評価を獲得すべく、挑戦していくことが重要となる。「大変満足した」の評価比率は、全体の僅か数％であり、それを更に高めていくのは至難の業かもしれない。それだけに、組織を挙げての相当厳しい改善努力と旺盛な創意工夫が求められる。行動目標を「追求する」から「獲得する」に変換・進化させるためには、困難に挑戦する新たな気迫と執念が必要になってくるのである。

　ホスピタリティマネジメントは、ホスピタリティを組織的にどのようにマネジメント（運用・管理）していけばよいのかということではあるが、そこでは、経営トップ・中間管理職・現場第一線のスタッフが一体感をもって意思の統一を図っていくことが不可欠であることを強調してきた。一見、ホスピタリティ論とは次元の異なる労務管理の視点に立ったアプローチも援用したが、企業が求める意思の統一こそが、生産性向上の原点になるという確信のもと、今後の読者の思索材料に資することになればと考え、敢えて、筆を執らせていただいた。

　ある企業では、企業理念として「お客様に最高のサービスを提供します」という言葉の前段に「全社員の物心両面の幸福を追求し」を高らかに掲げている。「この会社で働いていてよかったと思うような企業を目指さなければ、お客様に最高のサービスを提供することもできません」という趣旨であるが、これがホスピタリティマネジメントの思想・哲学なのである。

　内外の指摘を待つまでもなく、今や、日本におけるサービス産業の生産性向上は、喫緊の課題となっている。一方、経済産業省は、昨今の日本の産業構造の変化をふまえ、およそ70年ぶりに産

業標準化法への改正に踏み切った。（平成30年5月30日公布。）

　その趣旨・目的は、これまでのモノを対象とした工業標準化法を改正し、標準化の対象として、新たにデータやマネジメント分野、サービス分野を追加し、法律名を産業標準化法に改め、「日本工業規格」（JIS）を「日本産業規格」（JISは不変）に変えるという画期的なものである。サービス分野への標準化の対象拡大は、日本のサービス産業のGDPシェアおよび就業者数シェアが、いずれも70％を占めていることからすれば、けだし当然といえよう。

　この改正法の施行日は令和元年7月1日となっているが、これを機に『令和』という新時代の幕開けとともに、ホスピタリティマネジメント重視の経営の機運醸成に一段と弾みがつくことを期待してやまない。

　最後に、本書出版にあたっては、編集、その他で大変お世話になった株式会社パレード・パレードブックスの出版コーディネーター・下牧しゅう女史ほか関係者の方々に、心から感謝申し上げる次第である。

令和元年5月

著者

著者紹介

中里 のぞみ（なかざと のぞみ）

1983年北星学園大学文学部卒業、同年日本航空入社。国際客室乗員部に勤務。同社退職後、1989年札幌にて教育研修事業オフィスもんでんを設立、2009年CLD laboを主宰し現在に至る。多くの道内企業・病院などにおいて、ホスピタリティ・コミュニケーション・リーダーシップ・若手社員の育成などの研修を担当。また、産業カウンセラーとして、大学生・留学生・離職者の就職支援活動にも参画する一方で、札幌国際大学・札幌大学・北海道情報大学等の非常勤講師も勤め、次世代の育成にも力を注いでいる。日本産業カウンセラー協会・日本観光ホスピタリティ教育学会・札幌商工会議所会員。
CLD labo　http://cldlabo.com

紺野 猷邦（こんの ゆうほう）

1965年東北大学法学部卒業、同年日本航空入社。本社営業本部、JALPAK,労務部、アジア・オセアニア地区支配人室（香港）を経て、ソウル支店長、ジャカルタ支店長、AASケータリング代表取締役、JALWAYS常勤監査役を歴任。この間、事業計画、マーケティング、労務管理、人材育成、海外労務、異文化コミュニケーション、海外危機管理、食品品質管理、監査役業務等の実践経験を積む。2004年日本航空退職後は、北星学園大学非常勤講師、（株）パソナ・札幌支店非常勤顧問を経て、現在は一般社団法人Directforce会員、札幌商工会議所会員、CLD labo特別顧問。

ホスピタリティと
ホスピタリティマネジメント
これからのホスピタリティ経営

2017年12月20日　第1刷発行
2021年 6月24日　第3刷発行

著　者　中里 のぞみ、紺野 猷邦

発行者　太田宏司郎

発行所　株式会社パレード
　　　　大阪本社　〒530-0043　大阪府大阪市北区天満2-7-12
　　　　　　　　　TEL 06-6351-0740　FAX 06-6356-8129
　　　　東京支社　〒151-0051　東京都渋谷区千駄ヶ谷2-10-7
　　　　　　　　　TEL 03-5413-3285　FAX 03-5413-3286
　　　　http://books.parade.co.jp

発売所　株式会社星雲社（共同出版社・流通責任出版社）
　　　　　　　　　〒112-0005　東京都文京区水道1-3-30
　　　　　　　　　TEL 03-3868-3275　FAX 03-3868-6588

装　幀　藤山めぐみ（PARADE Inc.）

印刷所　創栄図書印刷株式会社

本書の複写・複製を禁じます。落丁・乱丁本はお取り替えいたします。
©Nozomi Nakazato, Yuho Konno 2017　Printed in Japan
ISBN 978-4-434-24024-9　C0034